Sascha Brandt

Swiping Love

Dating auf Augenhöhe

ForwardVerlag

ForwardVerlag

Swiping Love

Dating auf Augenhöhe

Imprint der Verlagsgruppe StudyHelp GmbH, Paderborn
www.forwardverlag.de

1. Auflage

Autor: Sascha Brandt

Kontakt: info@forwardverlag.de
Umschlaggestaltung: @magier
Druck: mediaprint solutions GmbH

ISBN 978-3-98755-139-0

Kapitelübersicht

Interview-Übersicht

Story Time-Übersicht

Vorwort

Vier meiner bisherigen sechs Partnerinnen habe ich online kennengelernt. Von StudiVZ bis zu Dating-Apps habe ich schon jede Methode ausprobiert, auf der Suche nach der (großen) Liebe. In der Zeit als Single habe ich mich immer wieder direkt in neue Dating-Abenteuer gestürzt, habe jede neue App und angesagte Plattform genutzt. In Hochphasen hatte ich an manchen Sonntagen bis zu vier Dates, und zugegeben, es erfüllte mich mit Stolz. Zum Glück habe ich einen guten Kreis aus Freund:innen, bestehend aus tollen Menschen jeglichen Geschlechts, die mir stets ein ehrliches Feedback geben und mir helfen, mein Datingverhalten zu reflektieren. Hin und wieder prahlte ich förmlich mit der Anzahl meiner Dates – Bewunderung erhielt ich dafür (zum Glück) nur selten.

Bei meinen Dates war alles dabei: langweilige Lehrerinnen, trinkfeste Krankenschwestern oder durchgeknallte Psychologinnen. Es wurde geknutscht, gefeiert, gelacht, sich angeschwiegen und wild diskutiert. Mit einigen verbindet mich heute noch eine tiefe Freundschaft, bei anderen sind wir beide froh um das Ende des Kontaktes.

Obwohl meine Freund:innen nicht immer einverstanden waren mit meiner Dating-Frequenz, haben sie sich doch immer über die verrückten Geschichten gefreut, die es zu erzählen gab – ein paar davon erzähle ich euch übrigens in diesem Buch. Immer öfter wurde mir gesagt, ich solle doch mal zu Papier bringen, was ich erlebe, und dass man mit diesen Erfahrungen anderen sicher helfen könnte. Die Idee, ein Buch zu schreiben, gefiel mir schon immer, nur fehlte mir bislang das passende Thema. Von meinen Erlebnissen zu berichten und dabei anderen zu helfen oder auch zum Lachen zu bringen, erschien mir passend und sinnvoll. Es sollte ein Dating-Ratgeber für Männer werden. Schließlich, so dachte ich, habe ich genug Frauen getroffen, um Tipps zu geben, wie Dating als Mann funktioniert. In den nächsten Wochen und Monaten recherchierte ich mit vielen Podcasts, Büchern, Artikeln und Studien zum Thema Dating. Es gibt zahlreiche Quellen, Statistiken und Studienergebnisse, die ich verwerten konnte. Jedoch wurde die Idee, dieses Buch ausschließlich für den Mann zu schreiben, zunehmend abgeschwächt. Einerseits gibt es viele Inhalte zum Thema, die beide Geschlechter betreffen (die Studienlage ist leider sehr heteronormativ). Zum anderen wurde mir bewusst, dank meiner Freund:innen, dass es nicht angemessen ist, als Mann ein Buch zu schreiben, das erklärt, was Frauen wollen.

Durch zahlreiche Gespräche in meinem Freundeskreis wurde mir immer wieder bewusst, wie wichtig das Thema Augenhöhe in Beziehungen ist – und vor allem, wie oft diese Augenhöhe fehlt. Von den klassischen, unaufgefordert gesendeten Dickpics bis hin zu übergriffigem Verhalten bei Dates: Es scheint, dass viele noch immer nicht wissen, wie man sich respektvoll verhält. Diese Problematik möchte ich hier sichtbar machen.

Um möglichst viele Perspektiven aufzuzeigen, habe ich verschiedene Frauen und auch ein paar Männer zum Thema Dating auf Augenhöhe befragt. Allesamt unterschiedliche Menschen, vom Model über den Landwirt, von einer Sexarbeiterin bis zur Paartherapeutin. Herausgekommen ist ein bunter Blumenstrauß an Erfahrungen, Meinungen und Perspektiven.

Einleitung

Liebe:r Leser:in,

Seien wir ehrlich, wir alle verbinden mit Dating-Apps doch eine Hassliebe. Nirgendwo ist es einfacher, sein Selbstwertgefühl aufzubauen oder zu verlieren. Auf keiner anderen Plattform wird so oberflächlich entschieden, wen wir kennenlernen wollen oder nicht. Beziehungen und Freundschaften werden mithilfe von Tinder, Bumble und Co. aufgebaut oder auch zerstört. Und wer von uns hat nicht schon mindestens einmal seine Dating-App gelöscht, nur um sie einen Monat später wieder zu installieren? Beim Swipen begegnen uns immer wieder dieselben Profile auf dem Bildschirm, und auch wir sind noch immer da – oder vielleicht auch schon wieder.

Tinder hielt seinen Einzug auf unsere Smartphones im September 2012, und die „Alle 11 Minuten verliebt sich ein Single"-Plattform Parship ist sogar bereits seit 2001 online. Online-Dating ist also ein alter Hut und lange kein Neuland mehr für uns. Das Angebot an Dating-Apps nimmt kontinuierlich zu, was es schwieriger macht, den Überblick zu behalten. Dazu kommen verschiedene Bezahlmethoden und Reglements innerhalb der Apps, wobei Letztere nur mit noch mehr Geldeinsatz umgangen werden können.

Wir filtern. Wir swipen nachts rechts und links, vergeben Superlikes oder aktivieren den Booster. Wenn wir erstmal ein oder mehrere Matches haben, filtern wir weiter. Wer schreibt wen an? Schreiben wir überhaupt miteinander? Haben wir Gemeinsamkeiten, ein Hobby beispielsweise oder Musik? Antworten wir einander zuverlässig? Und wenn wir die Frage „Was suchst du hier?" nicht mit „meinen Schlüssel" beantwortet haben, wird es zu einem Date kommen?

Dieses Buch soll helfen, etwas Licht in den Dating-Dschungel zu bringen. Du lernst, wie du deinem Dating-Profil einen neuen Anstrich für mehr Matches gibst, und bekommst tolle Ideen, wie du beim Schreiben am Ball bleibst. Und wer weiß, vielleicht läuft es so gut, dass du bald dein erstes Date hast. Keine Sorge, auch für diesen Fall bietet dir dieses Buch einige gute Tipps.

Gleichberechtigung und Augenhöhe im Dating sind zentrale Themen, die in diesem Buch beleuchtet werden sollen. Wer könnte besser darüber berichten als diejenigen, die selbst respektlose Nachrichten, chauvinistische Anmachen und übergriffiges Verhalten erlebt haben? Viele bemerkenswerte Frauen haben sich bereit erklärt, in Interviews offen über ihre Erfahrungen zu sprechen und damit diesem wichtigen Thema eine Stimme zu geben. Ich bin dankbar für die Beiträge von so vielen Frauen aus unterschiedlichen Bereichen. Freue dich auf Interviews mit Sozialpädagoginnen, Fashion-Bloggerinnen, Models, Reality-TV Kandidatinnen, Künstlerinnen und vielen mehr. Du wirst merken, dass eines der wichtigsten Learnings in diesem Buch lautet: Zuhören und Bedürfnisse erkennen.

Dating soll Spaß machen, wir lernen neue Menschen kennen. Und wie es immer in menschlichen Interaktionen ist, passieren hier die wildesten Dinge. Damit dir beim Lesen nicht langweilig wird, findest du immer wieder verschiedene abstruse und witzige Dating-Erlebnisse, die genau so passiert sind.

Viel Spaß mit diesem Buch ♡

Ein wenig Organisatorisches

Gendern

Die erste Fassung dieses Buches habe ich nicht gegendert. Für mich war immer klar, dass ich alle Menschen automatisch ansprechen und niemanden ausgrenzen würde. Im Laufe des Schreibprozesses und vor allem durch das Feedback der interviewten Frauen und meines Umfeldes habe ich mich immer mehr mit dem Thema auseinandergesetzt. Zusammen mit dem Verlag habe ich entschieden, dass ich dieses Buch gendern möchte. Mir ist bewusst, dass dies den Lesefluss stören könnte, jedoch überwiegen für mich die Vorteile deutlich. Gendern fördert Sichtbarkeit, und dieses Buch soll alle binären und non-binären Geschlechter ansprechen. Des Weiteren prägt Sprache unser Denken und indem wir gendergerechte Begriffe verwenden, fördern wir eine Kultur der Gleichstellung. Sollte es mir nicht gelungen sein, alle Begriffe richtig gegendert zu haben, so gib mir bitte Feedback an post@swipinglove.de, sodass wir die nächsten Auflagen stetig verbessern können.

Gewinnspiel

Jeden Monat verlose ich ein Set bestehend aus vier Postkarten an alle Leser:innen, die auf Instagram eine Story oder einen

Beitrag über das Buch erstellen und @swipinglove erwähnen. Die Postkarten orientieren sich thematisch am Buch und eignen sich perfekt, um sie deinem Date oder wahlweise auch Freund:innen zu senden. Lass dich überraschen, ich gestalte regelmäßig neue Postkarten, sodass du auch gern mehrmals am Gewinnspiel teilnehmen kannst.

Zusätzlicher Content für dich!

Der Zuspruch zu diesem Buch war überwältigend. So viele spannende Interviews, inspirierende Geschichten und hilfreiche Tipps sind entstanden, dass es unmöglich war, alle Interviews vollständig in diesem Buch aufzunehmen. Es fehlte ganz einfach der Platz. Ich stand vor der Wahl, nur einige, aber dafür vollständige Interviews aufzunehmen oder alle Interviews, und diese zu verkürzen. Viele Menschen haben sich bei den Interviews oder beim Schreiben ihrer Anekdoten viel Mühe gegeben, Zeit investiert und viel von sich preisgegeben. Daher ist es mir wichtig, dass alle mitwirkenden Personen einen Platz bekommen, und ich möchte, dass du die Möglichkeit hast, diese Schätze zu entdecken, um so viele Perspektiven und Meinungen wie möglich zu sammeln.

So bekommst du Zugang zu allen Interviews in voller Länge:

1. Gehe auf: www.swipinglove.de
2. Wähle **Registrierung** aus
3. Gib dort deine Daten an

   Dein **Aktivierungscode** lautet: Letsswipelove
4. Warte auf deine Bestätigungsmail
5. Viel Spaß mit allen Interviews in voller Länge, zusätzlichen Anekdoten und Vielem mehr!

Interview mit Lilly Kürten

Beruf: Moderatorin, Sprachcoach und Influencerin

Welche Informationen auf einem Dating-Profil sind für dich entscheidend, ihn zu matchen?

Als große Frau achte ich besonders auf die Körpergröße. Es ist für mich einfach schön, wenn mein Partner mindestens genauso groß ist wie ich. Darüber hinaus sind Drogen und Rauchen für mich absolute No-Gos – das passt einfach nicht in meine Welt. Und nach einigen vergangenen Erfahrungen ist es mir wichtig, dass mein potenzieller Partner keine Kinder aus früheren Beziehungen mitbringt.

Was sind die größten Fehler, die Männer auf ihrem Dating-Profil machen?

Ganz klar, es beginnt bei der Auswahl der Fotos. Viel zu oft sehe ich Bilder, bei denen ich einfach nicht erkennen kann, wer sich dahinter verbirgt. Auch die Bios lassen oft zu wünschen übrig – sie sind entweder langweilig oder sagen nichts über die Person aus. Und dann gibt es da noch die chauvinistischen Kommentare und Sprüche, die hin und wieder auftauchen. Das ist wirklich abschreckend.

Welche Art von Nachrichten empfindest du als respektvoll und welche als unangemessen, wenn du online angeschrieben wirst?

Respektvolle Nachrichten sind für mich solche, die humorvoll sind und echtes Interesse zeigen. Ich schätze es, wenn ein Mann sich die Mühe gibt, ein Kompliment schön und subtil zu verpacken. Auf der anderen Seite finde ich zu plumpe Nachrichten, die direkt ins Sexuelle gehen, langweilig. Das ist mir zu einfach.

Welche Verhaltensweisen von Männern wirken auf dich abschreckend, bevor es überhaupt zu einem Date kommt?

Verhaltensweisen, die mich direkt abschrecken, sind vor allem sexuelle Nachrichten – solche Profile blockiere ich sofort. Auch Unflexibilität ist ein No-Go für mich. Wenn ich das Gefühl habe, dass wir stundenlang Termine hin und her schieben müssen, um uns zu treffen, verliert es schnell seinen Reiz.

Was bedeutet für dich Dating auf Augenhöhe?

Dating auf Augenhöhe ist für mich von großer Bedeutung. Durch meine Selbstständigkeit und die damit verbundene Unabhängigkeit habe ich oft erlebt, dass Männer sich davon eingeschüchtert fühlen. Das führt zu einer Dysbalance, die ich in einer Beziehung nicht möchte. Ich suche daher einen Partner, der genauso zufrieden mit seinem Leben und sich selbst ist, wie ich es bin. Für mich geht es beim Dating auf Augenhöhe nicht um Finanzen, sondern vielmehr um Respekt, Kommunikation und einen ähnlichen Intellekt. Ich möchte mich schließlich auch mit meinem Partner unterhalten und mit ihm diskutieren können – auf Augenhöhe. Neid und Missgunst haben übrigens gar keinen Platz in einer Beziehung.

Mehr Antworten von Lilly liest du hier:

Interview mit Antje Hielscher

Bekannt aus: Bauer sucht Frau 2022

Wie definierst du Dating auf Augenhöhe?

Dating auf Augenhöhe bedeutet für mich, von Anfang an ehrlich zueinander zu sein. Lügen und respektloses Verhalten haben keinen Platz, wenn man eine solide Basis schaffen möchte, auf der möglicherweise eine gemeinsame Zukunft aufbaut.

Welche Informationen auf einem Dating-Profil sind für dich entscheidend, ihn zu matchen?

Für mich spielt die Ausstrahlung auf den Fotos eine große Rolle – ein freundlicher Blick und ein sympathisches Lächeln sind mir wichtig. Außerdem lege ich großen Wert darauf, dass wir uns gut unterhalten können, insbesondere über Themen wie Politik, gesellschaftliche Fragen oder Geschichte. Daher interessiert mich auch, wie er seine Freizeit verbringt und welche Hobbys er hat.

Was sind die größten Fehler, die Männer auf ihrem Dating-Profil machen?

Ein häufiger Fehler ist, dass sie sich zu oberflächlich präsentieren, etwa durch halbnackte Fotos und ein Profil, fast ohne Informationen über ihre Persönlichkeit. Dazu kommen oft unseriöse Nachrichten, die den ersten Eindruck weiter trüben.

Wenn du dir in Bezug auf datende Männer etwas wünschen könntest, was wäre das?

Ich würde mir wünschen, dass Männer ehrliche Absichten haben, wenn sie jemanden kennenlernen möchten, also wirklich eine feste Beziehung suchen. Außerdem finde ich es besonders schön, wenn ein Mann beim ersten Date eine kleine Aufmerksamkeit mitbringt, zum Beispiel eine Blume oder eine Kleinigkeit aus seiner Region. Das würde die Aufregung vor dem ersten Gespräch etwas lindern und wäre ein wunderbarer Einstieg in eine lockere Unterhaltung.

Erwartest du, dass der Mann den ersten Schritt beim Küssen macht? Und wie kann er erkennen, dass der Moment dafür richtig ist?

Da ich in solchen Momenten eher schüchtern bin, würde ich es tatsächlich begrüßen, wenn der Mann den ersten Schritt macht. Den richtigen Moment kann man dabei nicht wirklich „erkennen" – man spürt ihn. Meistens lässt die Anziehungskraft es ganz von selbst geschehen, wenn sie zwischen uns da ist.

Mehr Antworten von Antje liest du hier:

Interview mit Leila

Bekannt aus: Bachelorette 2024

Wie hat die Teilnahme an einem öffentlichen Dating-Format deine Sicht auf Beziehungen und Dating beeinflusst? Gibt es etwas, das du jetzt anders machst?

Die Teilnahme hat mir nochmals verdeutlicht, was ich vorher schon wusste: Es lohnt sich, seine Emotionen nicht aus Selbstschutz zurückzuhalten, sondern sich bei Potential und einem guten Bauchgefühl wirklich emotional auf eine Person einzulassen. Verletzt werden kann man dabei immer, aber nur durch Verletzlichkeit lässt sich herausfinden, ob man ein Match ist oder nicht – und das ist mir eine potentielle Verletzung wert.

In meinem Buch nutze ich viele wissenschaftliche Quellen. Leider ist es so, dass die meisten Studien sich auf heteronormative Personen konzentrieren. Was könnte getan werden, um dies endlich zu ändern?

Ja, das ist leider der Fall. Queere Realitäten müssen unbedingt mehr in die Wissenschaft einbezogen werden – immer nur von einer Mann/ Frau Dynamik auszugehen, empfinde ich als sehr veraltet. Ein nicht geringer Teil der Gesellschaft, welcher eine Stimme verdient, wird hier aus der Forschung ausgeschlossen.

Gibt es bestimmte queere Dating-Communitys oder -Veranstaltungen, die du besonders schätzt? Was macht diese für dich besonders?

Ich war noch nie auf Dating-Veranstaltungen oder ähnlichem.

Ich kann jeder Person, die keine Lust auf Dating-Apps hat aber nur ans Herz legen, sich in queere Communitys zu begeben: Queere Bars, Flinta Partys etc. bieten einen Ort, der ein Gefühl von Community gibt, aber auch die Möglichkeit, potentielle Dating Partner:innen kennenzulernen. Dort ist es oftmals einfacher, als jemanden auf der Straße anzusprechen, da die Wahrscheinlichkeit höher ist, dass der Gegenüber auch queer ist.

Hast du Phasen, in denen du vom Dating erschöpft bist, vielleicht sogar eine Art „Dating-Burnout" erlebst? Wie gehst du mit diesen Phasen um?

Das hatte ich noch nie, ich war aber auch nie ein Mensch, der z. B. auf mehrere Dates die Woche mit vielen unterschiedlichen Personen gegangen ist. Ich habe manchmal auch bewusste Dating Pausen eingelegt, wenn ich wusste, dass ich gerade einfach keine (emotionalen) Kapazitäten dazu hatte. Dating sollte etwas bereicherndes sein – wenn man sich davon erschöpft fühlt, lohnt es sich vielleicht eine Pause einzulegen und zu reflektieren, was genau man in einer Person sucht und was man will. So kann man vielleicht schon, bevor man sich mit einer Person trifft, herausfinden, ob es überhaupt ein potentielles Match sein könnte.

Mehr Antworten von Leila liest du hier:

1. KAPITEL

Augenhöhe, was ist damit überhaupt gemeint?

„Liebe ist nicht das, was man erwartet zu bekommen, sondern das, was man bereit ist zu geben.“

- Katharine Hepburn

Was bedeutet eigentlich Augenhöhe? Vielleicht war genau dieser Begriff der Grund, warum du dieses Buch in die Hand genommen hast, oder du bist ihm zumindest im Vorwort begegnet. Doch was genau meint man damit, besonders im Zusammenhang mit Dating?

Der Duden[1] beschreibt „Augenhöhe" als Gleichwertigkeit – als das Verhandeln, Diskutieren oder Kommunizieren auf gleicher Ebene. Augenhöhe bedeutet also, wie wir anderen begegnen: ob wir sie auf gleicher Ebene ansprechen oder ob eine der beiden Seiten das Gefühl hat, von oben herab behandelt zu werden. Das Thema ist in sämtlichen Lebensbereichen wichtig – sei es in der Familie, unter Freund:innen, im Job oder eben beim Dating. Wenn uns aus einer Laune oder Emotion heraus ein überheblicher Umgangston unterläuft, haben wir im Freund:innen- und Familienkreis oft die Chance, das zu korrigieren. Wir können reflektieren, uns entschuldigen und beim nächsten Mal sensibler auf unsere Kommunikation achten.

Beim Dating hingegen ist dieser Mechanismus oft schwerer umzusetzen, da wir unser Gegenüber meistens kaum kennen. Gleichzeitig möchten wir die beste Version von uns selbst zeigen und erwarten das oft auch von unserem Date. Doch Augenhöhe ist kein „nice-to-have", kein „es wäre schon toll". Augenhöhe ist essentiell. Aber was heißt das konkret?

In meinen vielen Interviews habe ich unterschiedlichste Sichtweisen gehört. Jede Person hat ihre eigene Vorstellung davon, was Augenhöhe im Dating ausmacht. Aus über 40 Interviews hat sich letztlich folgende Essenz gebildet:

Dating auf Augenhöhe bedeutet, dass beide Partner:innen sich mit Respekt und auf gleicher Ebene begegnen – es geht darum, ehrlich zu kommunizieren und gemeinsame Ziele zu finden. Statt in veraltete Rollenmuster zu verfallen, steht das gegenseitige Verständnis im Vordergrund, sodass niemand von beiden das Zepter übernimmt oder das Sagen hat. Beziehungen, die auf Augenhöhe basieren, leben von Offenheit, Transparenz und einem authentischen Umgang miteinander. Beide dürfen ihre Grenzen, Schwächen und Wünsche zeigen und darauf vertrauen, dass sie gehört werden. Im Online-Dating zeigt sich das, indem man seine Absichten klar formuliert und keine taktischen Spielchen spielt. Es geht darum, offen zu sein für Neues, gemeinsam zu wachsen und echte Verbindungen zu schaffen – weit weg von den manipulativen Tricks der Pick-Up-Artist-Kultur.

Augenhöhe im Dating-Alltag umsetzen

Wie kannst du das Konzept der Augenhöhe in der Praxis umsetzen? Hier einige Ansätze, die dir helfen können, deinem Date respektvoll und auf Augenhöhe zu begegnen:

- **Aktives Zuhören:** Höre deinem Gegenüber wirklich zu, ohne ständig selbst das Wort zu ergreifen. Wenn du nachfragst und aufmerksam reagierst, zeigst du deinem Date, dass du ihn oder sie wirklich kennenlernen möchtest.
- **Vertritt respektvoll deine eigene Meinung:** Augenhöhe bedeutet nicht, dass ihr immer einer Meinung sein müsst. Habe den Mut, deine Meinung zu sagen und respektiere, wenn dein Gegenüber anderer Meinung ist.
- **Raum für Authentizität:** Erlaube dir, authentisch zu sein und schaffe eine Atmosphäre, in der auch dein Gegenüber authentisch sein kann. Das nimmt Druck und schafft Raum für eine Verbindung, die auf Wahrheit basiert, nicht auf Fassade.

Augenhöhe in der Praxis:

- **Beispiel 1:** Dein Date erzählt dir von einem großen Lebenstraum. Statt diesen direkt zu kommentieren oder zu bewerten, könntest du aufmerksam nachfragen: „Das klingt spannend! Was hat dich dazu inspiriert?" So zeigst du Interesse ohne Beurteilung und gibst deinem Date den Raum, sich zu öffnen.

- **Beispiel 2:** Ihr seid euch nicht in allem einig, z. B. bei der Wahl des Films, den ihr schauen wollt. Ein Verhalten auf Augenhöhe wäre es, gemeinsam einen Kompromiss zu finden oder offen zu bleiben und zu sagen: „Mir ist wichtig, dass wir beide Spaß haben. Was ist dir wichtig an deiner Auswahl?"

- **Beispiel 3:** Beim ersten Date fällt dir auf, dass dein Gegenüber nervös ist. Anstatt die eigene Selbstsicherheit überzubetonen, kannst du deinem Date die Möglichkeit geben, sich wohlzufühlen, z. B. durch eine humorvolle Bemerkung, die die Stimmung lockert.

- **Beispiel 4:** Verfalle nicht in alte Rollenmuster und Klischees. Männer und Frauen sollten Gleichberechtigung leben. Die Welt ist nicht nur rosa und blau.

Nun haben wir eine genaue Definition und Beispiele dafür, wie Augenhöhe beim Dating aussehen kann. In den nächsten Kapiteln wirst du lernen, wie du dies in jeder Phase des Kennenlernens bewusst umsetzen kannst, um echte Verbindungen zu schaffen, die von Respekt und Wertschätzung geprägt sind.

Learnings

- ✔ Augenhöhe bedeutet, anderen auf gleicher Ebene zu begegnen und Respekt sowie Gleichwertigkeit zu zeigen, ohne sich über- oder unterlegen zu fühlen
- ✔ Im Dating-Kontext geht es darum, ehrlich zu kommunizieren und gemeinsame Ziele zu finden, ohne Machtgefälle oder Dominanz
- ✔ Dating auf Augenhöhe basiert auf gegenseitigem Respekt, Offenheit und Transparenz.
- ✔ Es erlaubt beiden Partner:innen, ihre Grenzen, Schwächen und Wünsche zu zeigen und sich sicher zu fühlen
- ✔ Manipulative Taktiken und Oberflächlichkeiten haben dabei keinen Platz; es geht um echte, respektvolle Verbindungen
- ✔ Dating auf Augenhöhe schafft eine echte Verbindung, die auf Respekt und gegenseitigem Verständnis aufbaut. In den nächsten Schritten geht es darum, diese Prinzipien bewusst im Kennenlernprozess zu leben und zu vertiefen

Story Time mit Annetta Negare

Beruf: Playmate 2014, Model, Influencerin

Seit einigen Wochen genoss ich die Freiheit des Single-Lebens und verbrachte viel Zeit mit meinen Freundinnen, um mich abzulenken und das Leben neu zu entdecken. Von meinem heutigen Ehemann Tobi hatte ich bis zu diesem Punkt nichts gehört, aber das sollte sich an einem schicksalhaften Abend ändern. Es war später Nachmittag, als eine meiner besten Freundinnen mich fragte, ob ich Lust auf ein Date hätte. Ihr Freund Tobi, der gerade aus Süddeutschland in der Stadt war, hatte nämlich nachgefragt, ob sie eine Freundin hätte, die sich auf ein Treffen einlassen würde.

Von Natur aus bin ich ein sehr offener Mensch, und mein Job hat mich ohnehin gelehrt, aufgeschlossen zu sein. Nach meiner Trennung kam mir eine kleine Ablenkung gerade recht. Also sagte ich zu. Was konnte schon schiefgehen? Eine Beziehung suchte ich schließlich nicht – auf keinen Fall. Ich wollte einfach nur einen netten Abend verbringen, ordentlich abschalten und vielleicht sogar ein wenig Spaß haben.

Nun, heute, neun Jahre später, weiß ich, dass das Leben seine eigenen Pläne hat. Ich möchte ehrlich sein, um ein Haar wäre ich nicht die glückliche Ehefrau und Mutter geworden, die ich heute bin. Kurz bevor ich zum Restaurant fuhr, ging bei mir gar nichts mehr. Ich wollte nicht auf ein Date. Ein Abend im Kreise meiner Mädels klang für mich doch schöner und was wollte ich überhaupt bei einem Date? Ich suchte doch eh nichts.

Zum Glück ließen meine Freundinnen nicht locker und schleppten mich buchstäblich ins Auto. Wir waren vor einem Restaurant in der Hamburger Hafencity verabredet, umgeben von den prunkvollen Neubauten und der sanft fließenden Elbe. Bis heute denke ich gern an dieses Restaurant zurück – es war der Ort, an dem alles begann. Vor unserem Treffen hatten wir keinen direkten Kontakt, aber unsere Freunde hatten uns gegenseitig Fotos gezeigt. Und was soll ich sagen? Als ich ihn dort stehen sah, war ich sofort fasziniert von ihm.

Bei Sushi und Wein tauchten wir tief in Gespräche ein, redeten über Gott und die Welt. Vom ersten Moment an war da eine besondere Verbindung zwischen uns, die den Abend verzauberte. Sein Charme war unwiderstehlich, und als er fragte, ob wir noch etwas trinken gehen wollen, konnte ich einfach nicht ablehnen. Unsere Wahl fiel auf die Skylinebar 20up im Empire Riverside Hotel – eine der angesagtesten Bars Hamburgs und nur wenige Autominuten entfernt.

Hoch oben, mit einem atemberaubenden Blick über Hamburg und den Hafen, setzten wir unser Date fort. Tobi entpuppte sich schnell als brillanter Unterhalter mit einem ansteckenden Humor. Wir lachten fast die ganze Zeit, und ich fühlte mich so wohl wie schon lange nicht mehr. Dieses Gefühl war sowohl wunderschön als auch beängstigend. Einerseits hatte ich all das in meiner vorherigen Beziehung schmerzlich vermisst, andererseits wollte ich mich doch nicht so schnell wieder auf jemanden einlassen. Die Angst, ihn als bloßen Lückenfüller zu nutzen, nagte an mir. Er war so aufmerksam und ein echter Gentleman, und ich wollte ihn auf keinen Fall verletzen.

Normalerweise trinke ich am liebsten etwas Prickelndes oder einen Gin Tonic, aber an diesem Abend nahm ich meinen Mut zusammen, wagte etwas Neues und bestellte einen Hakuna Matata. Den größeren Mut aber bewies Tobi. Als er von der Toilette zurückkam, zögerte er keinen Moment. Er nahm mein

Gesicht in seine Hände und küsste mich – auf eine Art und Weise, wie ich es noch nie zuvor erlebt hatte. Es fühlte sich an, als ob die ganze Bar uns beobachtete, als er mich an das große Panoramafenster drückte und leidenschaftlich küsste. Später erzählte er mir, dass er an diesem Abend sofort wusste, dass er mich als seine Frau wollte. Und ohne es direkt auszusprechen, hat er mir während der gesamten Kennenlernphase und bis heute auf eine schöne und respektvolle Weise gezeigt, wie ernst es ihm wirklich ist.

Heute leben wir glücklich in unserer Wahlheimat Berlin und haben eine kleine Tochter – ein Kapitel, das an jenem magischen Abend in Hamburg seinen Anfang nahm.

Interview mit Luna Farina

Bekannt aus: The Voice of Germany

Wenn du dir in Bezug auf datende Männer etwas wünschen könntest, was wäre das?

Ich würde mir wünschen, dass es mehr Männer gibt, die wirklich vernünftig und mit einem großen Herzen unterwegs sind. Oft bekomme ich über Social Media mit, dass viele Männer sich wie Möchtegern-Gigolos präsentieren, die stark und erfolgreich wirken wollen, aber nicht wirklich die Tiefe und Echtheit haben, die ich mir wünschen würde, wenn ich auf der Suche wäre.

Ich sehne mich nach Männern, die sich bewusst sind, dass weniger manchmal mehr ist. Statt sich hinter einer Fassade aus Prahlerei und Oberflächlichkeit zu verstecken, wäre es schön, wenn mehr Männer auf ihre inneren Werte setzen würden. Es geht mir darum, echte Verbindungen aufzubauen, in denen Ehrlichkeit, Empathie und Respekt im Vordergrund stehen. Ich wünsche mir einfach, dass mehr Männer sich so präsentieren, wie sie wirklich sind, und weniger versuchen, einem bestimmten Ideal zu entsprechen.

Wie wichtig ist dir die Gleichberechtigung bei einem Date, z. B. bei der Wahl des Ortes oder bei der Bezahlung?

Wie bereits erwähnt, ist mir Gleichberechtigung beim Dating sehr wichtig. Ich finde es völlig in Ordnung und sogar wünschenswert, dass auch die Frau zahlt – egal ob beim ersten oder zweiten Date. Für mich ist es wichtig, weil ich mich dadurch wohler fühle und nicht das Gefühl habe, als „kleines Mädchen“ behandelt zu werden, das sich selbst nicht versorgen kann. Manche Frauen erwarten vielleicht, dass der Mann alles zahlt, und setzen das mit einem gewissen „Status“ gleich. Aber ich sehe das anders: Ich suche keinen „Versorger“ oder „Beschützer“, sondern einen gleichberechtigten Partner. Ein Partner, der genauso seinen Teil in die Beziehung einbringt wie ich. Für mich bedeutet das 50/50 – sei es bei der Bezahlung eines Dates oder bei anderen Dingen wie der Miete, wenn man später zusammenzieht.

Was die Wahl des Ortes angeht, bin ich ziemlich unkompliziert. Klar, es muss jetzt nicht die Dönerbude um die Ecke sein, aber ich bin offen für alles, solange wir eine gute Zeit haben und ich mich wohlfühle. Ich muss allerdings sagen, dass ich ein erstes Date nicht gleich bei jemandem zu Hause haben möchte – das kann später kommen, wenn man sich besser kennt. Wichtig ist mir vor allem, dass wir uns gut verstehen, viel lachen und ich ganz ich selbst sein kann, ohne mich verstellen zu müssen. Ob wir in einer gemütlichen italienischen Trattoria essen oder bei McDonald’s im Auto sitzen, ist für mich zweitrangig. Hauptsache, das Date ist entspannt und authentisch.

Mehr Antworten von Luna liest du hier:

Interview mit Felice Wolgram

Bekannt aus: Germany's Next Topmodel 2024

Als Model stehst du häufig im öffentlichen Fokus und wirst von vielen Menschen idealisiert. Wie stellst du sicher, dass du in deinen persönlichen Beziehungen nicht auf ein Bild oder eine Rolle reduziert wirst, sondern als Mensch auf Augenhöhe wahrgenommen wirst?

Ich habe zum Glück meinen Beziehungspartner bereits vor GNTM kennengelernt und halte ihn auch immer im Hintergrund, wenn es um den Bereich Social Media geht. Dadurch, dass ich ihn schon vorher kannte, weiß ich, dass dies keinerlei Einfluss auf meine Beziehung hat, sondern er mich eher positiv unterstützt.

Was bedeutet für dich persönlich Dating auf Augenhöhe?

Dating auf Augenhöhe heißt für mich persönlich, dass man sich nicht verstellen muss und während der Kennenlernphase einfach man selbst sein kann. Dass man gegenseitig die Bedürfnisse akzeptiert und auch beachtet.

Wie beeinflusst die öffentliche Wahrnehmung und dein Bekanntheitsgrad dein Dating-Leben? Hast du das Gefühl, dass es schwerer ist, authentische Verbindungen aufzubauen?

Ich bin bereits in einer Beziehung und habe ihn glücklicherweise auch schon davor gekannt. Ich kann mir aber gut vorstellen, dass das Stehen in der Öffentlichkeit unvoreingenommenes

Dating erschweren kann, da sich andere Menschen bereits eine Meinung von dir gebildet haben, bevor sie dich überhaupt kennen. Das gleiche gilt auch für neue Freundschaften.

Welche Verhaltensweisen während des Dates lassen dich wissen, dass ein Mann dich respektiert und wertschätzt?

Indem sich die andere Person wirklich auf einen konzentriert, zuhört, auf die Bedürfnisse des anderen achtet und nichts verlangt. Man merkt es einfach sehr schnell, indem man sich wohlfühlt bei der Person.

Als ehemalige Teilnehmerin bei GNTM bist du ein Vorbild für viele junge Frauen. Welche Botschaft möchtest du ihnen in Bezug auf Selbstwert und Gleichberechtigung in Beziehungen mitgeben?

Ich lege jeder Person ans Herz er/sie selbst zu bleiben. Man wird schon die richtige Person finden und sollte nichts erzwingen. Es bringt nichts, sich in einer Beziehung zu verstellen, da man auf Dauer nur unglücklich wird. Bleibt euch immer selbst treu und kommuniziert mit der Person, die ihr datet, was ihr euch in einer Beziehung wünscht (auch zum Thema Gleichberechtigung). Wenn man nicht auf einen Nenner kommt, dann ist er oder sie nunmal nicht die richtige Person.

Mehr Antworten von Felice liest du hier:

2. KAPITEL

Von Anziehung bis Hormone: Die Geheimnisse unserer Partnerwahl

Wie ist es bei dir? Hast du einen bestimmten Typ Mann/Frau, auf den du stehst? Blonde lange Haare, blaue Augen und eine sportliche Figur – so sah meine Traumfrau in meinen Vorstellungen immer aus. Zumindest bis ich 15 war. Meine erste Freundin hatte kurze braune Haare und grüne Augen; nur die sportliche Figur entsprach noch meiner ursprünglichen Vorstellung. Und trotzdem war ich verliebt. Wenn ich mich mit Freund:innen über ihre Wunschvorstellung austausche, höre ich mit zunehmendem Alter immer öfter Sätze wie: „Er sollte Kinder wollen und Reisen mögen", „Sie sollte auf jeden Fall Sinn für Humor haben und auch einen Hund wollen", oder „Jemand, der mit mir aufs Land zieht, wäre optimal." Immer mehr scheinen oberflächliche Merkmale in den Hintergrund zu rücken, während Gemeinsamkeiten und gemeinsame Ziele an Priorität gewinnen.

Wie funktioniert also die Wahl unseres Lieblingsmenschen, wenn wir auf bestimmte Merkmale Wert legen? Dazu gibt es zahlreiche Studien, die das Thema aus verschiedenen Perspektiven beleuchten.

Dating-Studien und ihre Grenzen:

Die Studienlage zum Thema Dating ist leider oft sehr heteronormativ geprägt. Daher behandelt auch dieses Buch zum Großteil Beziehungen zwischen Mann und Frau. Ich wünschte, ich könnte hier umfassend aus Studien berichten, die die LGBTQIA+-Community berücksichtigen. Leider fehlen in diesem Bereich oft passende Quellen. Dennoch bin ich überzeugt, dass auch Personen, die nicht der heteronormativen Norm entsprechen, hier hilfreiche Ratschläge erhalten und sich in vielen Situationen wiedererkennen.

Anziehung auf chemischer Ebene: Hormone und Neurotransmitter

Kennst du das auch? Du schaust der Person in die Augen und willst sie am liebsten küssen und berühren. Es liegt diese Energie in der Luft, ein Knistern, das sogar umstehenden Menschen nicht entgeht. Irgendwie magisch und aufregend. Aber wie entsteht diese Anziehung? Wichtig ist zu wissen, dass die physische Anziehungskraft subjektiv und individuell ist. Dennoch wissen wir, dass Anziehung durch verschiedene Einflüsse verstärkt werden kann, darunter Hormone wie Testosteron und Östrogen sowie Neurotransmitter wie Dopamin. Durch die Aktivierung des Belohnungssystems im Gehirn kann eine Anziehung verstärkt werden.

Der Spruch „Ich kann dich gut riechen“ hat übrigens auch seine Berechtigung, schließlich sendet unser Körper Duftstoffe, die auf Gesundheit, Fortpflanzungsfähigkeit und genetische Kompatibilität hinweisen können. Jede:r von uns empfindet dabei andere Gerüche als angenehm oder unangenehm.

Ähnlichkeiten und gemeinsame Werte

Neben Körpergerüchen, Hormonen und Neurotransmittern spielen auch Ähnlichkeiten eine große Rolle. Werte, Interessen und Persönlichkeitsmerkmale können entscheidend sein für die Anziehungskraft. Klingt eigentlich logisch, oder? Im PAIR Project (Processes of Adaptation in Intimate Relationships) von Ted Huston[2], in dem ab 1981 mehrere Ehen begleitet wurden, stellte sich heraus, dass gemeinsame Werte Paaren halfen, stabilere Beziehungen zu führen, Herausforderungen besser zu bewältigen und eine tiefere emotionale Bindung aufzubauen.

Ökonomische Analyse der Partnerwahl

Auch eine ökonomische Betrachtung des emotionalen Themas „Beziehung“ wurde unternommen. Im Jahr 1973 nutzte der Ökonom und Nobelpreisträger Gary S. Becker in seiner Untersuchung „A Theory of Marriage: Part I“ ökonomische Grundsätze zur Erklärung von Eheschließung und Ehewahl[3]. Becker betrachtete die Ehe als eine rationale Entscheidung, durch welche Personen Partner:innen finden, die ihnen helfen, ihren Nutzen zu maximieren. Laut Becker ist Rationalität von Bedeutung, weil wir Partner:innen mit vergleichbaren Vorlieben und Lebenszielen suchen, um die Zusammenarbeit in der Beziehung zu fördern. Becker betrachtete materielle Mittel, emotionale Unterstützung und die Arbeitsteilung im Haushalt als Mittel zur Maximierung des Nutzens. Er stellte fest, dass das Einkommen und die wirtschaftlichen Ressourcen bei der Auswahl von Partner:innen häufig eine Rolle spielen – Personen mit höherem Einkommen werden als attraktiver angesehen und haben daher eine größere Auswahl. Glücklicherweise hat sich seit dieser Studie sehr viel geändert. Heute tragen vermehrt beide verpartnerte Personen zum Einkommen bei, was auch neue Muster in der Wahl unserer Partner:innen bewirkt.

Typ-Treue: Partner:innen, die sich ähneln

Eine neue Liebe ist wie ein neues Leben? Nun ja, oft ähneln neue Partner:innen jedoch einem immer gleichen Typus. Eine Studie der Universität Toronto fand heraus, dass Menschen dazu neigen, Beziehungspersonen zu wählen, die ihren Ex-Partner:innen ähneln. Anhand von Daten der Langzeitstudie Pairfam zeigte sich, dass aktuelle und frühere Partner:innen häufig Ähnlichkeiten in Persönlichkeitseigenschaften wie Verträglichkeit und Extraversion aufweisen.

Das Stimulus-Wert-Rollen-Modell

Das Stimulus-Wert-Rollen-Modell von Bernard Murstein[4] beschreibt drei Phasen, die Paare durchlaufen, wenn sie eine Beziehung aufbauen:

- **Stimulus-Phase:** Anfänglich spielt die physische Anziehungskraft die größte Rolle. Hierzu gehören Aussehen, Geruch und Anziehung.
- **Wert-Phase:** Hier werden Werte und Einstellung geprüft um die Kompatibilität auch auf einer tieferen und emotionalen Ebene zu bewerten. Diese Phase ist entscheidend für eine nachhaltige Verbindung.
- **Rollen-Phase:** In dieser Phase verhandeln die Partner:innen über ihre Rollen und Verantwortlichkeiten in der Beziehung und bewerten, wie gut sie zusammenarbeiten und ob eine gemeinsame Zukunft möglich ist.

Murstein zeigt in seinem Modell, dass eine starke Anziehung allein nicht ausreicht. Es müssen alle drei Phasen aufeinander aufbauen, um eine stabile Beziehung zu ermöglichen.

Die Rolle von Kultur und Gesellschaft

Nicht nur persönliche Vorlieben und biochemische Prozesse beeinflussen unsere Partnerwahl, sondern auch kulturelle und gesellschaftliche Normen. Dies hat eine Untersuchung von Pairfam bewiesen[5]. Wir wachsen mit bestimmten Werten und Vorstellungen auf, die uns prägen und Einfluss darauf haben, welche Eigenschaften wir anziehend finden. Es lohnt sich daher, sich diese Einflüsse bewusst zu machen und zu reflektieren, ob wir offen für neue und vielleicht unerwartete Partner:innen-Typen sein könnten.

Selbstreflexion: Offen für Neues

Sagen dir deine Freund:innen, dass du immer auf denselben Typ Mensch hereinfällst? Oder hatten deine Ex-Partner:innen die ein oder andere Ähnlichkeit? Dann könnte es spannend sein, zu überlegen, ob du dir auch eine andere Art von Partner:in vorstellen kannst. Öffne dich vielleicht auch für Menschen, die auf den ersten Blick nicht deinem typischen „Beuteschema" entsprechen – denn manchmal findet sich das große Glück, wo wir es am wenigsten erwarten.

Wie du siehst, ist die Partner:innenwahl ein komplexes Thema, das seit langer Zeit von verschiedenen Seiten beleuchtet wird. Am Ende ist es ein Mix aus persönlichen Vorlieben, Erfahrungen, Wünschen, Zielen, Werten und natürlich einer Prise Magie.

Learnings

- ✔ Anziehung ist nicht zu 100% rational erklärbar
- ✔ Anziehung können wir nur bedingt beeinflussen
- ✔ Gemeinsamkeiten können sehr entscheidend sein
- ✔ Wer eine Beziehung sucht, sucht tendenziell nach einem Nutzen (mehr Nutzen durch die Beziehung zu haben als ohne diese)
- ✔ Dating, sich kennenlernen und sich verlieben, geschieht in Phasen, die bei jedem Menschen schneller oder langsamer verlaufen

Interview mit Dr. Johanna Degen

Beruf: Forscherin der Sozial-, Medien- und Arbeitspsychologie

Wie wichtig ist es, gemeinsame Werte und Ziele in einer Beziehung zu haben, um eine gleichwertige Partnerschaft zu fördern?

Checklisten-Logik funktioniert bei Liebesbeziehungen nicht; stattdessen geht es um Intuition und das Unbewusste. Dabei gibt es allerdings viele Missverständnisse. Liebe ist kein sanftes Dahinsegeln, sondern die Suche nach fundamentaler Veränderung und Erweiterung des Selbst.

Wir übersehen und missverstehen die Charakteristik und Rolle von Beziehung und Liebe in der Online-Dating-Ära vermehrt. Stattdessen suchen wir nach der Kirsche auf der Torte eines neoliberal durchtränkten Lebens auf der Suche nach Optimierung und bester Technik, statt Sinn.

Was bedeutet Dating auf Augenhöhe?

Ich kann da nur raten, wahrscheinlich eine respektvolle, anerkennende Datingpraxis? Ich sehe das allerdings als schwierig, denn Beziehungen sind hierarchisch, ein komplexes Gerangel. Ich würde also eher danach suchen, wie Datingdynamiken spannend und angenehm sein können, obwohl sie voller Ungleichheiten sind. Wären alle Beteiligten gleich, wäre der Rest Spannung raus.

Wie können Menschen beim Dating sicherstellen, dass sie einander gleichwertig behandeln?

Man kann eigentlich nur für sich selbst entscheiden, so zu handeln, dass man zum einen mit sich selber leben kann, und sich zum anderen so verhält, dass man zu einer Datingsphäre beiträgt, die man sich auch für sich wünscht. Auf das Verhalten der anderen hat man nur insofern einen Einfluss, dass man vorleben kann, wie es respektvoll, anerkennend, freundlich und sicher gehen könnte und indem man Grenzen aufzeigt. Zu den Verhaltensweisen, die fast alle kritisieren, aber gleichzeitig selbst ausüben, zählen paralleles Dating, geringes Investment in Emotionen, Zeit und auch Geld (man zeigt sich selbst und anderen, dass das Date einem wenig wert ist) und harte Tonalität im Chat und Ghosting. Wenn wir daran etwas kollektiv ändern würden, wäre schon viel getan.

Welche Tipps würdest du Singles geben, die nach einer Beziehung auf Augenhöhe suchen?

Ich wäre nicht sicher, dass Menschen Beziehungen auf Augenhöhe suchen. Die Motive sind komplex, manchmal bizarr und absurd. Ich wünsche aber jeder Person, sich selbst den anderen zuzutrauen, wie sie ist und sich gegen Optimierung und Verzerrung zu wehren. Jede Person sollte darauf vertrauen können, dass es jemanden gibt, der einen genau so lieben lernen kann; und wenn nicht, dann ist das ehrliche Leben mit sich selbst immer noch wertvoller als eine erzwungene Beziehung.

Mehr Antworten von Dr. Johanna Degen liest du hier:

Story Time mit "Maria"

Möchte anonym bleiben

Eigentlich wollte ich nur einen guten Freund in Bremen besuchen, doch dann kam alles ganz anders. Nach langem Hin und Her hatten mein Freund und ich endlich einen Termin gefunden, an dem ich ihn in Bremen besuchen konnte. Er war schon sehr aufgeregt, mich seinen Freunden vorzustellen – und damit begann die eigentliche Dating-Geschichte.

Kaum war ich in Bremen angekommen, gingen wir auf ein Bier zu seinem Nachbarn Andreas (merkt euch den Namen, er wird noch öfter vorkommen). Andreas und ich verstanden uns auf Anhieb so gut, dass wir fast vergaßen, dass noch andere Leute im Raum waren. Nach ein paar Bierchen zogen wir weiter, um uns mit anderen Freunden zu treffen und feiern zu gehen. Doch Andreas und ich verloren uns nie aus den Augen. Es war daher keine Überraschung, dass die anfängliche Sympathie schnell in körperliche Nähe überging: Noch im Club küssten wir uns und machten uns kurz darauf auf den Weg zu ihm nach Hause, wo ich die Nacht verbrachte.

Dieses Muster setzte sich das ganze Wochenende fort und wir vergaßen dabei fast, dass ich eigentlich wegen meines Freundes da war. Doch auch er hatte die Anziehung zwischen uns bemerkt und lud Andreas überall ein, uns zu begleiten. Man könnte nun meinen, wir hätten zumindest Telefonnummern ausgetauscht – aber das taten wir nicht. Andreas brachte mich noch zum Bahnhof, und es kam uns beiden gar nicht in den Sinn, unsere Nummern auszutauschen. Auf der Heimfahrt ärgerte ich mich darüber und traute mich auch nicht, meinen

Freund nach Andreas' Nummer zu fragen. Doch dann kam der unerwartete Wendepunkt: Am nächsten Tag erhielt ich eine Facebook-Nachricht – ja, das ist schon so lange her, dass Facebook noch aktuell war, haha. Andreas hatte sich über unseren gemeinsamen Freund meinen Namen geben lassen, da er ja nur meinen Vornamen kannte.

So schnell wie es an dem Wochenende begann, ging es auch weiter: Wir verabredeten uns direkt für das kommende Wochenende und ich fuhr erneut zu ihm nach Bremen. Es ging immer so weiter – entweder war er bei mir oder ich bei ihm, oder wir schrieben uns Nachrichten. Die Beziehung war sehr intensiv, aber genau das wurde nach einer Weile auch zum Problem, und unsere Wege trennten sich leider.

Ein Jahr später trafen wir uns durch einen sehr unerwarteten Zwischenfall erneut, und die intensive Verbindung war sofort wieder da. Nach einer Weile des Telefonierens und Schreibens sahen wir uns schließlich noch einmal, doch diesmal war es endgültig vorbei. Wir erkannten, dass die körperliche Anziehungskraft und die Intensität unserer Beziehung uns nicht gut taten. Schweren Herzens, aber im Nachhinein zum Glück, entschieden wir uns, den Kontakt zu beenden. Sonst hätte es noch mehr weh getan, ihn gehen zu lassen.

Interview mit Michael Kaufmann

Bekannt aus: Bauer sucht Frau 2022

Was bedeutet für dich Dating auf Augenhöhe?

Für mich bedeutet eine Begegnung oder Beziehung auf Augenhöhe, dass Entscheidungen gleichberechtigt getroffen werden. Es geht darum, die Bedürfnisse, Gefühle und Emotionen des Gegenübers zu respektieren und vor allem empathisch nachzuempfinden. Zudem spielt es eine wichtige Rolle, ähnliche Werte und Ansichten zu teilen und diese gemeinsam zu leben.

Du hast schon Männer und Frauen gedatet, konntest du zwischen den Geschlechtern einen Unterschied beim Datingverhalten feststellen?

Das ist tatsächlich schwer, klar einzuordnen! Meiner Meinung nach gibt es große Unterschiede, die weniger mit dem Geschlecht, als vielmehr mit der Persönlichkeit der jeweiligen Person zu tun haben. Dennoch empfinde ich Dates mit Frauen oft als etwas eleganter in der Herangehensweise – man spricht direkter über Gefühle und versucht auf eine feinfühligere Art, eine Verbindung herzustellen. Bei Männern hingegen ist der Austausch oft geradliniger und direkter. Trotzdem fällt es mir schwer, hier eine klare Linie zu ziehen, da meine eigenen Gefühle und Emotionen gegenüber der Person ebenfalls einen entscheidenden Einfluss darauf haben, wie ich ein Date erlebe.

Findest du, dass Männer und Frauen beim Thema Augenhöhe unterschiedliche Perspektiven oder Erwartungen haben?

Um ehrlich zu sein, habe ich das Gefühl, dass Frauen oft stärker darauf fokussiert sind, in einem Mann den potenziellen Partner fürs Leben zu finden, mit dem sie vielleicht eine Familie gründen können. Natürlich hängt das stark von der individuellen Person ab. Für mich persönlich steht der Wunsch im Vordergrund, einen Menschen auf Augenhöhe kennenzulernen – jemanden, mit dem eine tiefe, beidseitige Liebe besteht. Eine Beziehung, die von Ehrlichkeit, Fürsorge und gegenseitigem Respekt geprägt ist. Ich träume davon, eine monogame Partnerschaft zu führen, in der wir gemeinsam eine Familie gründen können. Auch wenn die Zeit manchmal drängt, ist mir vor allem die Qualität der Verbindung wichtig.

In meinem Buch nutze ich viele wissenschaftliche Quellen. Leider ist es so, dass die meisten Studien sich auf heteronormative Personen konzentrieren. Was könnte getan werden, um dies endlich zu ändern?

Ich habe das Gefühl, dass sich in diesem Bereich bereits einiges verändert hat. Dennoch ist mein Wunsch, dass wir weltweit mehr für Akzeptanz, Toleranz, Respekt, Nächstenliebe und Frieden eintreten – und diese Werte wirklich leben. Wenn wir diese grundlegenden Prinzipien umsetzen, könnten wir als Gesellschaft viel erreichen und ein harmonisches Miteinander fördern. Gerade im wissenschaftlichen Bereich könnten diese Werte dazu beitragen, mehr Diversität in Studien einzubeziehen und unterschiedliche Perspektiven besser zu repräsentieren.

Mehr Antworten von Michael liest du hier:

3. KAPITEL

Realistische Erwartungen im Online-Dating: Zwischen Fantasie und Realität

„Alter schützt vor Liebe nicht, aber Liebe vor dem Altern."
- Coco Chanel

Online-Dating eröffnet unzählige Möglichkeiten: spannende Matches, interessante Gespräche, neue Bekanntschaften und vielleicht sogar die große Liebe. So ist es leicht, Erwartungen aufzubauen, die mit der Realität kollidieren und mindestens eine Person enttäuschen. Ein gesundes Maß an Erwartungen kann dir dabei helfen, das Beste aus Dates herauszuholen, ohne dich selbst zu überfordern oder enttäuscht zu werden.

Vermeide übermäßige Idealisierung

Natürlich macht uns ein Match mit einem vielversprechenden Profil besonders neugierig. Das Foto an deinem Lieblingsstrand, eine witzige Beschreibung, die genau deinen Humor trifft und ein übereinstimmender Musikgeschmack. Dies kann schnell dazu führen, dass wir uns unser Gegenüber in einer Fantasiewelt als das perfekte Match vorstellen. Doch die Realität sieht oft anders aus. Hinter einem tollen Profil steckt ein Mensch mit Ecken, Kanten und individuellen Einstellungen – genau wie bei dir auch. Es lohnt sich, offen und ohne festgelegte Erwartungen in ein erstes Treffen zu gehen und dein Match einfach als Person kennenzulernen.

Online-Persona vs. Realität

Jede:r möchte sich von der besten Seite zeigen und das ist auch völlig in Ordnung. Drum denke daran, dass die Art und Weise, wie sich jemand online präsentiert, nicht immer eins zu eins die Realität widerspiegelt. Ihr könnt euch erst richtig kennenlernen, wenn ihr im echten Leben Zeit miteinander verbringt, ihr zusammen Minigolf spielt, auf dem Sofa liegt oder ein paar Tage am Meer seid. Eine charmante Nachricht oder ein perfektes Profilfoto sagt noch wenig darüber aus, wie gut ihr wirklich harmoniert. Lass dir die Zeit, dein Gegenüber als ganzen Menschen kennenzulernen.

Geduld statt Druck

Auch wenn du schon lange auf der Suche bist und dir unbedingt eine Beziehung wünscht, solltest du den Druck herausnehmen. Ein Kennenlernprozess benötigt Zeit, und diese ist sehr individuell an beide Beteiligten und die Dynamik gekoppelt. Gib jeder Begegnung den Raum, sich in ihrem eigenen Tempo zu entwickeln. Du vermeidest viel Stress und wirst den Prozess deutlich mehr genießen können, wenn du ohne feste Erwartungen an ihn herangehst.

Was dir wirklich wichtig ist – und was nicht

Mit jedem neuen Lebensjahr, jedem Date, jeder Beziehung und allen anderen Erfahrungen, die wir in unserem Leben machen, lernen wir auch uns selbst besser kennen. Stück für Stück, mal schneller, mal langsamer. Hin und wieder tut genau das weh, aber immer mehr verstehen wir, was wir wirklich wollen und was uns gut tut. Konzentriere dich auf das, was dir wirklich wichtig ist, auch und vor allem bei der Wahl deines Lieblingsmenschen. Ist dir Humor besonders wichtig? Oder suchst du jemanden, der gern Zeit in der Natur verbringt? Überlege dir, welche Eigenschaften und Werte dir wichtig sind und auf welche du verzichten kannst. So hast du klare Vorstellungen, aber lässt dennoch Raum für Überraschungen und Offenheit.

Selbstreflexion – Erwartungen regelmäßig überprüfen

Ganz unbewusst ändern sich unsere Erwartungen stetig. Frage dich also immer wieder, was du dir eigentlich gerade vom Dating wünschst und ob diese Erwartungen wirklich realistisch sind. Vielleicht hast du gerade Lust auf eine spontane Begegnung oder du merkst, dass eine feste Beziehung jetzt das Richtige für dich wäre. Indem du immer wieder reflektierst, kannst du unnötige Frustration vermeiden und bleibst im Einklang mit deinen aktuellen Bedürfnissen.

Achtsamkeit – Den Moment genießen

Den Begriff „Achtsamkeit“ finden wir heute allgegenwärtig. In Büchern, im Yoga, in der Psychologie und nun also auch im Dating. Achtsamkeit bedeutet, im Hier und Jetzt zu bleiben und dich voll und ganz auf das einzulassen, was gerade geschieht. Dieser Ansatz hilft dir, den Druck herauszunehmen und das Kennenlernen ganz entspannt und ohne festgelegte Erwartungen zu erleben.

Learnings

✔ **Keine übermäßige Idealisierung:**
Begegne deinem Match ohne festgelegte Erwartungen und lerne die reale Person kennen

✔ **Online-Persona vs. Realität:**
Ein gutes Profil spiegelt nicht immer die ganze Person wider. Lass dir Zeit, den Menschen dahinter zu entdecken

✔ **Geduld statt Druck:**
Verbindungen entwickeln sich. Gib jeder Begegnung den Raum, natürlich zu wachsen

✔ **Kenne deine Prioritäten:**
Wisse, was dir wichtig ist, aber bleibe offen für Überraschungen

✔ **Selbstreflexion:**
Überprüfe deine Erwartungen regelmäßig, um Enttäuschungen zu vermeiden

Interview mit Verena Klaps

Beruf: Influencerin, Autorin

Wie definierst du Dating auf Augenhöhe?

Dating auf Augenhöhe bedeutet für mich, dass beide Partner:innen sich ihrer selbst bewusst sind – sie wissen, was sie wollen, was sie brauchen und was sie erwarten. Idealerweise haben sie diese Klarheit nicht nur in Bezug auf sich selbst, sondern bringen diese Eigenschaften auch in die Beziehung ein. Es geht also nicht nur um ein passives Hoffen auf den perfekten Partner, sondern um ein aktives Suchen nach jemandem, der gemeinsame Interessen teilt und gleichzeitig Potenzial für gemeinsames Wachstum bietet. Dating auf Augenhöhe bedeutet auch, dass beide Partner die Freiheit haben, die „Regeln" ihrer Beziehung selbst zu definieren. Das kann bedeuten, dass sie traditionelle Rollenbilder leben, wenn das für beide passt, oder dass sie eine völlige Gleichberechtigung anstreben. Es ist entscheidend, dass beide mit dem jeweiligen Gesellschaftsbild, das sie in ihrer Beziehung leben, auf einer Ebene sind und sich darin wohlfühlen. Letztlich geht es darum, dass sich zwei Menschen finden, die ähnliche Werte und Vorstellungen teilen – und das auf Augenhöhe.

Was sind die größten Fehler, die Männer auf ihrem Dating-Profil machen?

Ich weiß nicht, ob man es wirklich als Fehler bezeichnen kann, aber oft laden Männer unvorteilhafte Fotos von sich hoch, die sie nicht so gut darstellen, wie sie in Wirklichkeit aussehen. Während Frauen tendenziell dazu neigen, zu perfekte

Fotos zu wählen, ist es bei Männern häufig das Gegenteil – ihre Bilder spiegeln sie nicht so positiv wider, wie sie in echt wirken. Es kommt oft vor, dass man sie in der Realität trifft und feststellt, dass sie viel besser aussehen als auf ihren Profilbildern. Das ist meiner Meinung nach auch ein allgemeines Problem von Dating-Plattformen. Man hat fast nur Fotos zur Verfügung, bei denen Gestik und Mimik völlig verloren gehen. Die Ausstrahlung und das echte Wesen eines Menschen sind auf einem Foto schwer einzufangen. Ich finde, 99,9 Prozent der Menschen sehen in der Realität schöner aus als auf ihren Profilbildern.

Wenn du dir in Bezug auf datende Männer etwas wünschen könntest, was wäre das?

In Bezug auf datende Männer würde ich mir vor allem eine klare Kommunikation wünschen. Das bedeutet, dass sie ehrlich sagen, wenn kein ernsthaftes Interesse besteht. Es wäre so viel einfacher, wenn ein Mann sagen würde: „Hey, ich finde dich interessant und verbringe gerne Zeit mit dir, aber ich sehe das nicht auf einer ernsten Ebene." Dann wären beide Parteien im Bilde, und die Frau könnte frei entscheiden, ob das für sie okay ist oder nicht. Leider haben viele Männer Angst, dass die Frau dann „weg" ist – also auch für lockere Treffen nicht mehr zur Verfügung steht. Deshalb wird oft vermieden, das klar anzusprechen, und es bleibt unausgesprochen, bis die Frau dann das Gespräch sucht. Ehrlichkeit und offene Kommunikation von Anfang an würden vieles einfacher machen.

Mehr Antworten von Verena liest du hier:

Story Time mit Ella

Beruf: Lehrerin, Influencerin

Ich war damals gerade frisch aus der Schule raus. Ich glaube, ich hatte noch nicht mal mit dem Studium begonnen, sondern war in meinem freiwilligen sozialen Jahr. Ich war etwa 19 oder 20 Jahre alt, als ich jemanden kennenlernte. Er war etwa 27 oder 29 und spielte früher Eishockey bei den Eisbären, musste aber wegen einer Verletzung aufhören. Zu der Zeit studierte er, war fast fertig und hatte richtig gute Noten.

Es war die Zeit der Bundestagswahlen, und ich erinnere mich, dass er eines Tages sagte, er überlege, die AfD zu wählen. Die AfD war damals noch ziemlich neu, und ich war total schockiert. Ich sagte ihm sofort, dass er das auf keinen Fall tun könne. Er meinte später, dass er es nicht getan habe - vielleicht hat er mich auch angelogen, wer weiß.

Unsere Gespräche gingen immer weiter, und ich erzählte ihm oft von meiner Arbeit im freiwilligen sozialen Jahr, bei der ich mit schwierigen Jugendlichen zu tun hatte. Ich fand es schön, mit ihnen zu arbeiten. Aber er begann irgendwann, sich abfällig über diese Jugendlichen zu äußern. Er sagte, sie kämen nach Deutschland und würden hier nichts leisten. Ich verstand nicht, was er damit meinte, als er das Wort „Molukken“ (Zitat!) benutzte - ich kannte damals nur den Ausdruck „Kanaken“. Mir war in meinem Alter noch gar nicht bewusst, wie rassistisch seine Aussagen waren. Ich widersprach ihm und erklärte, dass ich meine Arbeit liebe, aber er tat das ab, als wäre ich naiv und meinte, ich könne nichts verändern.

An einem Punkt erinnerte ich ihn daran, dass ich selbst auch einen Migrationshintergrund habe. Er meinte dann: „Ja, aber du bist integriert.“ Das war ein harter Schlag. Damals war mein bester Freund ein Perser, und dieser Typ machte sich auch ständig über ihn lustig, wegen seines Akzents und seiner Herkunft. Es war einfach nur widerlich, wie ausländerfeindlich er war.

Nach einiger Zeit beendete ich den Kontakt zu ihm. Er meldete sich vor etwa einem Jahr wieder, obwohl das alles inzwischen sechs oder sieben Jahre her ist. Aber ich dachte nur: „Nein, du bleibst mir fern.“ Es war wirklich erschreckend, wie jemand, der früher ein professioneller Sportler war und den man sogar im Internet finden konnte, so offen rassistisch war – und trotzdem damit durch das Leben ging.

Interview mit Josi Prescher

Beruf: Influencerin

Welche Informationen auf einem Dating-Profil sind für dich entscheidend, ihn zu matchen?

Für mich zählt zuerst eine sympathische Ausstrahlung, besonders ein freundliches Lächeln. Bilder mit Freunden oder vom Reisen finde ich ebenfalls ansprechend, da ich selbst gerne reise und so gleich eine gewisse Sympathie entwickle. Auch Hobbys, die er auf Fotos zeigt, geben mir einen guten Eindruck von seiner Persönlichkeit.

Zudem achte ich auf die angegebenen Beziehungsabsichten. Wenn jemand nichts Ernstes sucht, würde ich ihn nicht matchen, da ich eine ernste Beziehung möchte. Und ja, manchmal schaue ich auch aufs Sternzeichen, auch wenn das nicht entscheidend ist.

Was sind die größten Fehler, die Männer auf ihrem Dating-Profil machen?

Ein großer Fehler ist, mit langen, überwältigenden Nachrichten zu starten oder direkt mehrere Fragen auf einmal zu stellen. Auch Standardnachrichten, die wie kopierte Texte wirken, sind unpersönlich und abschreckend. Zudem sollten Gespräche nicht in langweiligem Smalltalk wie „Hi, wie geht's?“ feststecken. Es ist besser, gleich ein interessantes Thema anzusprechen, um eine echte Verbindung herzustellen. Was das erste Date angeht, finde ich es schön, wenn der Mann die Planung übernimmt und anbietet, zu zahlen. Ich biete aber immer an, selbst zu zahlen. Danach sollte die Initiative in der Beziehung ausgeglichen sein – beide sollten Vorschläge machen und sich einbringen.

Welche Verhaltensweisen von Männern wirken auf dich abschreckend, bevor es überhaupt zu einem Date kommt?

Für mich ist es extrem abschreckend, wenn Männer zu schnell besitzergreifend werden. Wenn wir uns noch nicht einmal getroffen haben und jemand schon verlangt, dass ich mich mit keinem anderen mehr treffe, wirkt das auf mich unsicher oder kontrollierend. Ebenso unattraktiv ist es, wenn jemand Erwartungen stellt, wie etwa nach dem dritten Treffen sexuell aktiv zu werden. Solche Forderungen sind für mich ein absolutes No-Go.

Ein weiteres abschreckendes Verhalten ist, wenn das Gespräch zu schnell in eine sexuelle Richtung geht. Ich bin nicht auf Dating-Plattformen für schnelle Abenteuer, und wenn das der Fokus ist, habe ich kein Interesse. Außerdem finde ich es sehr unangenehm, wenn jemand vor dem ersten Treffen aufdringlich wird, ständig schreibt, nachfragt oder ungeduldig wird, wenn ich nicht sofort antworte. Ich brauche meinen Freiraum, besonders, bevor man sich überhaupt getroffen hat.

Mehr Antworten von Josi liest du hier:

4. KAPITEL

Was wirklich zählt: Warum der Charakter entscheidend ist

„Man sagt, wenn man die Liebe seines Lebens trifft, bleibt die Zeit stehen. Und das stimmt."

- Aus dem Film „Big Fish"

Profilbild, Interesse oder eine humorvolle Nachricht. Beim Online-Dating sind viele Aspekte wichtig, doch das, was oft erst nach ein paar Dates ans Licht kommt, ist das, was eine langfristige Beziehung prägt: unsere Persönlichkeit. Du kennst dieses Prinzip schon aus dem Stimulus-Wert-Rollen-Modell. Nun möchte ich ein Stück weitergehen, denn es gibt verschiedene Persönlichkeitsmerkmale, die beeinflussen, wie zufrieden Menschen in Beziehungen sind – und das gilt auch im Zeitalter des Swipens.

Die „Big Five" und warum sie beim Dating wichtig sind

Die Persönlichkeitsforschung arbeitet mit fünf Hauptdimensionen, laut Malouff et al. (2010)[6] sogenannten „Big Five": Neurotizismus, Extraversion, Offenheit, Verträglichkeit und Gewissenhaftigkeit. Jede dieser Eigenschaften kann sich unterschiedlich auf Beziehungen auswirken. Eine große Meta-Analyse hat genauer untersucht, wie diese Faktoren mit der Zufriedenheit in Partnerschaften zusammenhängen. Und ja, die Ergebnisse lassen sich auch auf das Online-Dating übertragen.

Neurotizismus: Wenn innere Unsicherheiten zur Beziehungskrise werden

Wer einen hohen Wert an Neurotizismus hat, wird eher nervös oder ängstlich und macht sich mehr Sorgen als andere Menschen. Sie reagieren oft empfindlicher auf Stress und machen sich Gedanken über das Verhältnis zu ihrem Beziehungsmenschen oder anderen Personen in ihrem Umfeld. So eine Unsicherheit kann Spannungen begünstigen. Die Studie zeigt auch, dass Menschen mit ausgeprägtem Neurotizismus oft weniger zufrieden in Beziehungen sind, weil sie sich und die Beziehung häufig hinterfragen. Das kann vor allem dann problematisch werden, wenn auch ihr Datingverhalten von Unsicherheiten geprägt ist und es ihnen schwerfällt, Vertrauen zu fassen.

Verträglichkeit: Harmonie als Schlüssel zur Zufriedenheit

Wer verträglich ist, hat die Eigenschaft, einfühlsam, verständnisvoll und hilfsbereit zu sein. Menschen mit hoher Verträglichkeit bemühen sich, Konflikte zu vermeiden, und streben nach einem harmonischen Miteinander. Das ist ein starker Faktor für Beziehungszufriedenheit. Gerade beim Online-Dating kann Verträglichkeit eine entscheidende Rolle spielen, denn sie fördert eine offene Kommunikation und den Wunsch, das Wohl des anderen im Blick zu haben. Wenn also jemand Interesse zeigt, ehrlich zuhört und auf dein Wohl bedacht ist, könnte das schon ein Anzeichen für eine hohe Verträglichkeit sein.

Gewissenhaftigkeit: Zuverlässigkeit als Beziehungsfundament

Menschen, die zuverlässig, organisiert und verantwortungsbewusst sind, werden in dieser Studie als gewissenhaft beschrieben. Sie halten ihre Versprechen, zeigen sich stets engagiert und sind auch in schwierigen Momenten an deiner Seite. Diese Eigenschaften schaffen Sicherheit – ein wesentlicher Grundbaustein, um Vertrauen aufzubauen und die Beziehung zu festigen. Wer beim Dating auf Anzeichen von Zuverlässigkeit achtet, kann damit eine wertvolle Orientierung gewinnen. Ein Beziehungsmensch, der ehrlich und verantwortungsbewusst ist, unterstützt eine Beziehung langfristig oft mehr als jemand, der zwar charismatisch, aber unzuverlässig ist.

Extraversion: Wenn Offenheit die Türen öffnet

Extraversion oder auch bekannt als extrovertiert, beschreibt einen Menschen, der gern in Gesellschaft ist und mehr Energie aus gesellschaftlichen Interaktionen zieht als aus dem Alleinsein. Solche Personen lieben Gespräche, machen gern neue Kontakte und haben häufig einen großen Freundeskreis. Diese Eigenschaften sind hilfreich, um das Eis zu brechen – logischerweise auch beim Online-Dating. Extravertierte Menschen haben oft weniger Berührungsängste und gestalten erste Begegnungen für gewöhnlich sehr lebendig. Langfristige Studien zeigen allerdings, dass all diese Eigenschaften kein Garant für eine gute Beziehung sind. Vielmehr machen sie das Kennenlernen einfacher, aber sagen nichts über Kommunikationsfähigkeit, Einfühlungsvermögen oder Streitkultur aus.

Offenheit für Erfahrungen: Neugier auf das Leben

Offene Menschen sind neugierig, aufgeschlossen und haben Freude daran, ihren Horizont zu erweitern. Diese Eigenschaft kann beim Dating hilfreich sein, da sie zu mehr Flexibilität beiträgt und das Einlassen auf neue Menschen und Situationen erleichtert. Auch wenn Offenheit oft eine spannende Verbindung ermöglicht, zeigt die Studie keinen klaren Zusammenhang mit der langfristigen Beziehungszufriedenheit.

Learnings

Charakter statt Äußerlichkeiten: Langfristig ist die Persönlichkeit entscheidender für eine stabile Beziehung als das Profilbild oder der erste Eindruck.

Die Big Five als Orientierung:

✔ **Neurotizismus:** Unsicherheiten und Empfindlichkeiten können Beziehungskrisen begünstigen

✔ **Verträglichkeit:** Verständnisvolle, einfühlsame Menschen fördern Harmonie und Beziehungszufriedenheit

✔ **Gewissenhaftigkeit:** Zuverlässigkeit und Verantwortung schaffen ein starkes Fundament

✔ **Extraversion:** Offenheit und Kontaktfreude erleichtern das Kennenlernen, garantieren aber keine tiefe Bindung

✔ **Offenheit:** Neugier und Flexibilität sind wertvoll, jedoch nicht allein ausschlaggebend für die Beziehungstiefe

Praktische Tipps fürs Dating:

✔ **Zeichen von Zuverlässigkeit und Vertrauen:** Achte darauf, ob dein Gegenüber für dich da ist und Verantwortung übernimmt - das stützt langfristige Beziehungen

✔ **Selbstreflexion:** Kenne deine eigenen Stärken und Schwächen und erkenne, was du in einer Beziehung wirklich suchst

✔ **Offene Kommunikation:** Eine Beziehung, in der verständnisvoll kommuniziert wird, schafft eine Balance, besonders bei Unsicherheiten

Interview mit Jenny Köpper

Beruf: Influencerin

Wie definierst du Dating auf Augenhöhe?

Dating auf Augenhöhe definiere ich mit einer respektvollen und ehrlichen Kommunikation.

Welche Informationen auf einem Dating-Profil sind für dich entscheidend, ihn zu matchen?

Matchen geht schnell, das entscheide ich meist nach dem Foto und den groben oberflächlichen Daten. Oft erkennt man ja anhand der Social Media Profile recht schnell, ob man einen ähnlichen Lebensstil pflegt. Viel ausschlaggebender ist die erste Nachricht. Wenn die pfiffig, humorvoll oder individuell ist, ist das erste Eis schonmal gebrochen.

Ich habe ein großartiges Beispiel: Eine der bekannten Dating-Apps hat die Möglichkeit, ein paar kurze Fragen über sich selbst zu beantworten. Eine meine Antworten war: „Du solltest mich nicht daten, wenn du allergisch gegen Katzen bist." Darauf kamen Standard-Antworten wie: „Wie viele Katzen hast du denn?", die bei mir sofort im Archiv gelandet sind. Bei einer Party hat ein Freund von mir mal mein Archiv durchforstet und ein paar vergessene Nachrichten beantwortet. Auf die Frage wie viele Katzen ich denn habe, schrieb er nur: „9". Darauf habe ich folgende Antwort erhalten „Dann lass uns doch mal auf einen Drink treffen und du erzählst mir mehr von deinen 9 Katzen." Die Antwort hat mich so gecatched, dass er wirklich der Einzige war, mit dem ich auf ein Date gegangen bin.

Wenn du dir in Bezug auf datende Männer etwas wünschen könntest, was wäre das?

Lass uns keine Zeit verschwenden. Nur bei einem persönlichen Treffen kann man richtig einschätzen, wer da vor einem steht und ob es passt. Außerdem sollten wir alle unsere Absichten von vornherein klären. Wenn jemand, der/die nur Spaß will oder noch gar nicht bereit ist, auf eine Person trifft, die etwas Ernstes sucht, wird es schnell unschön. Und lass uns doch mal anfangen, vernünftige Absagen zu erteilen, anstatt das Gegenüber mit Brotkrümeln zu füttern und hinzuhalten. Das muss ja nicht sein.

Wie wichtig ist dir die Gleichheit in Bezug auf finanzielle Aspekte (z. B. das Teilen der Kosten für Dates)?

Ich bin kein Fan davon, penibel alles auf den Cent aufzuteilen. Das macht doch die Stimmung kaputt. Jeder gibt, was er oder sie kann. Einmal lädt er ein, das andere Mal dann halt ich. Was das erste Date angeht, bin ich aber altmodisch. Wenigstens für den ersten Eindruck kann er den Gentleman spielen.

Mehr Antworten von Jenny liest du hier:

Interview mit Maris Rauch

Beruf: Künstlerin

Wenn du an die Herausforderungen beim Dating zurückdenkst, was würdest du Frauen heute raten, um sicherzustellen, dass sie sich in einer Beziehung auf Augenhöhe befinden?

Wenn ich an die Herausforderungen beim Dating zurückdenke, würde ich Frauen raten, sich weniger auf klassische „Dates" mit den dazugehörigen Erwartungen zu fokussieren. Oft entsteht durch diese festen Rahmenbedingungen ein Druck, der das Kennenlernen unnötig verkompliziert. Stattdessen würde ich empfehlen, einfach Zeit mit Menschen zu verbringen, ohne gleich eine romantische Absicht im Vordergrund zu haben. Es geht darum, jemanden beiläufig, auf natürliche Weise kennenzulernen, ohne Erwartungen, wie bei Silvester, wo man oft enttäuscht ist, weil der Abend einem Ideal entsprechen soll.

Eine Beziehung auf Augenhöhe entsteht, wenn beide Partner bereit sind, sich gegenseitig zu stützen und zu heben – im übertragenen Sinne also zu helfen, wenn der andere am Boden ist, und zurück auf den Boden zu holen, wenn einer abhebt. Dieses Geben und Nehmen passiert schon während des Kennenlernens. Deshalb würde ich raten, Menschen kennenzulernen, ohne den direkten Fokus auf eine Beziehung zu legen. Das erlaubt beiden, sich wirklich zu sehen und zu verstehen, wer der andere ist.

Zudem ist es wichtig, an sich selbst zu arbeiten und sich selbst zu mögen, um in einer Beziehung auf Augenhöhe zu bleiben.

Selbstreflexion und persönliches Wachstum helfen dabei, in der Partnerschaft auf Augenhöhe zu agieren.

Hast du das Thema Augenhöhe schon einmal in deiner Kunst bearbeitet und wenn ja, wie?

Ja, das Thema Augenhöhe taucht in meiner Kunst auf, aber eher im Subtext als explizit. Ich beschäftige mich in meinen Arbeiten oft mit Alltagssituationen, manchmal persifliert, manchmal direkt, und das berührt zwangsläufig das Thema Augenhöhe. Ein Beispiel ist, dass ich Dinge, die oft als unangenehm oder eklig empfunden werden, in einen ästhetischen Kontext setze, um sie als normal und alltäglich zu zeigen. Wenn ich etwa einen benutzten Tampon male, dann setze ich ihn in eine fast schon werbliche Szenerie, statt ihn auf dem Toilettenboden darzustellen. So verschiebe ich die Wahrnehmung und schaffe einen Ausgleich. Augenhöhe findet in meinen Bildern also immer statt, weil sie mit dem alltäglichen Miteinander zu tun haben, auch wenn das Thema nicht direkt im Titel steht. Es ist eher etwas, das in der Darstellung und den Kontrasten zwischen den Elementen mitschwingt.

Mehr Antworten von Maris liest du hier:

Story Time mit Kim Mühlenweg

Beruf: Model, Influencerin

Als ich Nils zum ersten Mal traf, war ich 16 und hatte noch keine Ahnung von dem, was eine langfristige Beziehung ausmacht. Wir waren uns sofort sympathisch, und obwohl ich damals nicht wusste, wie sich unsere Geschichte entwickeln würde, war da etwas, das mich an ihm faszinierte. Schon bei unserem ersten Date wusste ich, dass er anders war – auf eine Weise, die ich nicht ganz greifen konnte, aber die mir von Anfang an gut tat. Nils brachte eine Mischung aus Selbstbewusstsein und Verletzlichkeit mit, die mich ansprach. Er erzählte mir beim ersten Date von seiner Mutter und dem Verlust, den er erlebt hatte. Es war eine Offenbarung, die ihm die Freiheit gab, sich mir zu öffnen. Diese Offenheit war für mich neu und unglaublich wertvoll. Ich spürte sofort, dass hier jemand bereit war, sich auf eine tiefere Ebene einzulassen, und ich wusste, dass das nicht einfach nur ein weiteres Date sein würde.

Wir begannen, uns regelmäßig zu treffen, und es war klar, dass wir uns schnell auf Augenhöhe begegneten. Das war nicht immer einfach – wir hatten unsere Auseinandersetzungen, die manchmal hitzig, aber immer ehrlich waren. Nils hat mir von Anfang an gesagt, dass er temperamentvoll ist und dass er manchmal Schwierigkeiten hat, seine Gefühle zurückzuhalten. Für mich war das anfangs ungewohnt, aber ich lernte schnell, dass es Teil seiner Authentizität war. Wir entwickelten eine Streitkultur, die uns half, respektvoll und offen miteinander umzugehen, und das hat unsere Beziehung stark gemacht.

Eine der größten Herausforderungen kam im Jahr 2022, als ich unter einer Angststörung litt. Es war eine schwierige Zeit für mich, doch Nils war unglaublich einfühlsam und unterstützte mich, wo er nur konnte. Er half mir, mit meiner Angst umzugehen, ohne mich dabei zu bedrängen, und gab mir den Raum, den ich brauchte. Seine Geduld und sein Verständnis haben unsere Beziehung in dieser Zeit noch weiter vertieft.

Eine weitere Herausforderung, die wir gemeinsam meisterten, war die Tatsache, dass Nils in Süddeutschland leben musste, während ich in meiner Heimatstadt blieb. Es war eine harte Zeit für uns beide, besonders für ihn, da er in eine Selbstständigkeit startete und viele Rückschläge erlebte. Aber ich wusste immer, dass seine Entscheidung, sich beruflich zu verändern, nicht gegen mich gerichtet war, sondern für ihn selbst. Diese Phase stärkte unser Vertrauen und unsere Beziehung noch weiter. Als er zurückkam, begann ein neuer Abschnitt in unserem Leben, und ich fand es beeindruckend, wie Nils immer noch bereit war, für mich alles zu tun. Er war nie derjenige, der einfach nur mitlief. Er unterstützte mich bei meinen Leidenschaften, auch wenn er selbst nicht viel damit anfangen konnte.

Wir haben viel zusammen erlebt, von unvergesslichen Dates bis hin zu kleinen, aber bedeutungsvollen Überraschungen wie dem Lied, das ich für ihn schreiben ließ. Diese Momente haben uns immer wieder gezeigt, wie tief unsere Verbindung ist. Nils und ich sind durch Höhen und Tiefen gegangen, und ich glaube, dass wir durch jede Herausforderung gewachsen sind. Heute, nach über zwölf Jahren, weiß ich, dass wir uns nicht nur für die schönen Momente entschieden haben, sondern auch für die schwierigen Zeiten. Wir haben uns immer gegenseitig unterstützt und sind jeden Schritt der Reise gemeinsam gegangen – egal, wie herausfordernd oder überraschend er auch war. Unsere Beziehung ist stark und einzigartig, und ich bin dankbar für jeden Tag, den wir gemeinsam verbringen.

5. KAPITEL

Das Dating-Profil: Dein erster Eindruck in der digitalen Welt

Stell dir vor, du triffst jemanden zum ersten Mal – wie würdest du dich zeigen wollen? Dein Dating-Profil ist genau dieser erste Eindruck in der digitalen Welt. Egal welche Plattform oder App du nutzt, die Funktionen sind überall recht ähnlich: Fotogalerien mit vier bis acht Bildern, persönliche Informationen vom Alter über den Beruf bis hin zur Lieblingsfarbe. Manche Apps erlauben dir, ein kurzes Video aufzunehmen, andere bieten die Möglichkeit, eine Sprachnachricht zu hinterlegen – eine tolle Option, um einen noch authentischeren Eindruck zu vermitteln.

Warum dein Profil zählt

Investiere gern viel Zeit und Mühe, denn dein Profil ist das Äquivalent zum ersten Blickkontakt oder dem ersten Gespräch. In der Online-Dating-Welt ist es der Ort, an dem sich entscheidet, ob jemand Interesse findet oder nicht. Hier kannst du authentisch zeigen, wer du bist, und das Augenmerk auf Werte und Interessen lenken, die dir wirklich wichtig sind.

Ein gut gestaltetes Profil hilft nicht nur dabei, attraktive und ehrliche Einblicke in die eigene Persönlichkeit zu geben, sondern es zieht auch Menschen an, die wirklich passen. Es schafft eine klare, aber subtile Grenze, indem es die eigene Individualität und Authentizität betont und manipulative Methoden vermeidet. Ein starkes Profil legt den Grundstein für respektvolles Dating auf Augenhöhe, weil es eine ehrliche und positive Basis für die erste Kommunikation bietet.

Die Kraft von Authentizität und wahrgenommener Ähnlichkeit

Eine Studie, die im Jahr 2008 im *Journal of Social and Personal Relationships*[7] veröffentlicht wurde, zeigt, dass tatsächliche Ähnlichkeit, also ob zwei Menschen objektiv ähnliche Interessen, Werte oder Persönlichkeitsmerkmale haben, vor allem am Anfang einer Beziehung eine Rolle spielt. Eine umfangreiche Meta-Analyse, die 460 Effektgrößen aus 313 Studien betrachtet hat, zeigt, dass diese tatsächliche Ähnlichkeit besonders in den frühen Phasen eines Kennenlernens, etwa bei ersten Treffen oder kurzen Interaktionen, zu einer stärkeren Anziehung beiträgt. Spannenderweise verliert dieser Faktor jedoch an Bedeutung, sobald eine Beziehung weiter fortschreitet und gefestigt ist – der Einfluss der tatsächlichen Ähnlichkeit auf das gegenseitige Interesse wird dann unwichtiger.

Anders sieht es jedoch bei der wahrgenommenen Ähnlichkeit aus. Unabhängig davon, ob Menschen sich erst kennenlernen oder schon länger zusammen sind, spielt die subjektive Wahrnehmung von Gemeinsamkeiten durchgehend eine entscheidende Rolle für die Anziehungskraft. Das Gefühl, ähnlich zu sein, hat also einen viel stärkeren Einfluss als die Frage, ob diese Ähnlichkeit wirklich besteht. Dieser Effekt unterstreicht, wie wichtig es ist, authentisch aufzutreten und diese Gemeinsamkeiten spürbar zu machen – denn das Gefühl der Verbundenheit kann entstehen, auch wenn man in Wahrheit vielleicht unterschiedliche Interessen oder Persönlichkeitszüge hat.

Speziell zum Online-Dating gibt es eine Studie aus dem Jahr 2021[8], die den Erstkontakt zwischen Mann und Frau untersucht hat. Die Forschenden kamen zu dem Ergebnis, dass die Partnerwahl über Dating-Apps stark von Ähnlichkeiten in Bildung, Alter und Attraktivität abhängt.

Learnings

- ✔ **Erster Eindruck zählt:** Dein Profil ist das digitale Pendant zum ersten Treffen; es sollte authentisch zeigen, wer du bist und was dir wichtig ist
- ✔ **Profil bewusst gestalten:** Zeit und Mühe lohnen sich. Ein authentisches Profil zieht passende Menschen an und vermeidet manipulative Taktiken
- ✔ **Ähnlichkeit und Anziehung:** Zu Beginn zählen objektive Gemeinsamkeiten, langfristig ist das Gefühl von Ähnlichkeit entscheidender
- ✔ **Authentizität schafft Verbindung:** Ehrliche Darstellung verstärkt das Gefühl gemeinsamer Werte, selbst bei unterschiedlichen Interessen
- ✔ **Partnerwahl auf Apps:** Der erste Eindruck basiert oft auf Bildung, Alter und Attraktivität. Nutze dies, um dein Profil passend zu gestalten

Deine Fotoauswahl

Du liest dieses Buch sicher, um greifbare und umsetzbare Tipps zu bekommen. Here we go! Jetzt geht's um das Herzstück des Online-Datings, dein Profil! Ich habe mein eigenes Profil selbst schon mehrere Male geändert, und wenn sich eine meiner besten Freund:innen mal wieder bei Bumble und Co. anmeldet, sortieren wir erstmal die in Frage kommenden Bilder aus und studieren jeden noch so kleinen Gesichtszug.

Ich: „Vielleicht das Foto vom Festival?"
Sie: „Nein, dann denken alle, ich würde nur feiern."
Ich: „Das Foto aus deinem Reiturlaub?"
Sie: „Nein, ich will doch nicht als Pferdemädchen abgestempelt werden."

Nun ja, ich könnte diesen Dialog wohl noch weiter schreiben, aber ich glaube, du kennst das selbst. Ja, wir alle wollen so wenig Oberflächlichkeit wie möglich, möchten an unserem Charakter und unseren Taten gemessen werden und nicht daran, ob unsere Nase zu groß ist, unsere Lippen zu klein sind oder unsere Augen die falsche Farbe haben. Und trotzdem funktioniert Online-Dating genauso – zumindest im ersten Schritt.

Wenn ich meine Dating-App öffne und selbst anfange zu swipen, stoße ich immer wieder auf Gruppenbilder und denke mir: „Okay. Und jetzt kann ich mir davon jemanden aussuchen?" Ganz spannend sind auch Fotos mit Sonnenbrillen oder beim Skifahren – natürlich mit Skimaske und Helm.

Die Entscheidung, ob nach links oder rechts geswiped wird, entsteht aus einer Kombination von psychologischen und biologischen Faktoren. Studien[9] zeigen, dass wir innerhalb von 100 Millisekunden entscheiden, ob wir jemanden attraktiv finden oder nicht. Es wurde sogar untersucht, was passiert, wenn wir mehr Zeit haben und uns länger mit den Fotos auseinandersetzen können. Das Ergebnis war überraschend stabil und hat sich selten geändert.

Wie sollte unsere Fotoauswahl also sein, damit die swipende Person am anderen Handy uns in so kurzer Zeit nach rechts wischt?

eHarmony, zugehörig zur Parship Gruppe, hat dazu eine Analyse[10] in Auftrag gegeben und folgende Ergebnisse sind dabei entstanden:

Am positivsten bewertet wurden Portraitfotos, also Nahaufnahmen vom Gesicht, die das Gesicht deutlich zeigen. Klingt eigentlich logisch, oder? Bei dieser Bildart ist auch der wichtige Augenkontakt garantiert. Diesen brauchen wir, um Vertrauen aufzubauen. Mit dem Blick in die Augen, beziehungsweise wenn wir diesen mit Fotos zulassen, signalisieren wir Offenheit, Ehrlichkeit und tragen signifikant dazu bei, dass eine Verbindung (soweit sie online möglich ist) aufgebaut werden kann.

Ganzkörperfotos wurden ebenfalls sehr positiv bewertet. Aber bitte, nicht oberkörperfrei. Zu viel Haut kann dazu beitragen, dass Menschen dir unterstellen, nicht seriöses Dating zu betreiben, sondern nur kurzfristige Beziehungen zu suchen.

Aktivitätsfotos sind ebenfalls gern gesehen. Wenn du deinen potentiellen Matches einen Einblick in deine Hobbys und deinen Lebensstil gibst, wirkt sich das sehr positiv aus, denn dies wird allgemein als attraktiv wahrgenommen. Nicht nur, dass du in deinem Profil etwas von dir und deinem Leben preisgibst, du gibst deinem potentiellen Match auch die Möglichkeit, sich in den ersten Nachrichten auf etwas zu beziehen. Der Bezug auf dein letztes Urlaubsbild auf dem Kamel oder das Foto im Kayak fällt doch viel leichter als auf ein Spiegelselfie.

Übrigens, hör auf damit!
Spiegelselfies sind im Online Dating wirklich der absolute Killer und wurden in jeder Umfrage, die ich gefunden habe, als schlechteste Fotoart gewählt.

Natürlich konzentrierte sich die Analyse von eHarmony nicht nur auf die Art der Fotos, sondern untersuchte auch andere wichtige Aspekte wie die Körpersprache. Es mag offensichtlich erscheinen, aber jede Person, die Erfahrung im Online-Dating hat, weiß, dass ein Lächeln auf Fotos und insgesamt positive Gesichtsausdrücke nicht immer selbstverständlich sind, obwohl sie doch ein deutlich besseres Bild vermitteln. Fühlst du dich nicht auch viel wohler und bist geneigter, nach rechts zu wischen, wenn du in ein lächelndes Gesicht mit strahlenden Augen blickst? Dazu werden eine offene Körperhaltung sowie eine selbstbewusste, aber keineswegs selbstdarstellerische Pose empfohlen.

Neben den angesprochenen und erläuterten optischen Kriterien, wünschen sich die App Nutzer:innen vor allem Authentizität. Zeige mit Hilfe der Fotos, wer du wirklich bist, was deine Hobbys sind und wie du dein Leben lebst. Bilder sind der erste Eindruck, den man auf den Dating-Apps von dir bekommt, dieser sollte möglichst positiv, aber auch gleichzeitig ehrlich sein und vor allem dich widerspiegeln.

Die nun mehrfach erwähnte Natürlichkeit meint aber nicht nur die Pose oder die Bild-Settings, sondern auch die Bildqualität. Natürlich möchten wir uns immer im besten Licht darstellen, etwas schlanker, etwas größer oder mit weniger Hautunreinheiten. Jedoch bemängeln die meisten befragten Menschen, dass die Personen in Wahrheit nicht so aussehen, wie auf den Fotos und fühlen sich damit getäuscht.

Nimm die Gelegenheit wahr, um bei deinen nächsten Veranstaltungen oder Aktivitäten Freund:innen zu bitten, ein paar Fotos von dir zu machen. Es ist eine großartige Möglichkeit, natürliche und authentische Bilder zu erhalten, die deine Persönlichkeit widerspiegeln. Darüber hinaus signalisiert es, dass du ein aktives soziales Leben führst und von einem Freundeskreis umgeben bist, was als attraktiv wahrgenommen wird. Also, lass deine Freund:innen deine schönsten Momente festhalten und zeige der Welt, wer du bist!

Learnings

- ✔ Verwende Bilder, auf denen du gut zu erkennen bist und alleine drauf bist
- ✔ Achte auf eine positive Stimmung im Bild
- ✔ Frage Freund:innen, ob sie Fotos von dir machen können
- ✔ Zeige dich bei deinen Hobbys, auf Konzerten, Festivals oder anderen Aktivitäten
- ✔ Verwende Bilder, die verschiedene Facetten deiner Persönlichkeit zeigen
- ✔ Bleibe authentisch und nutze natürliche Fotos ohne Filter und Bearbeitung
- ✔ Lade nur aktuelle Fotos hoch, so wie du jetzt auch aussiehst
- ✔ Wähle hochwertige Fotos mit guter Beleuchtung und Auflösung. Vermeide verschwommene oder unscharfe Bilder

Profilbeschreibung

Während Männer bei Dating-Apps oft mehr auf das Äußere achten, legen Frauen neben den Fotos viel Wert auf die Beschreibung der Person. Die Bio steht bei den meisten Apps gleich am Anfang, direkt nach deinem ersten Foto. Sie ist quasi das literarische Entree zu dir und bietet die erste Chance, deine Persönlichkeit zu zeigen. Daher sollte sie präzise, humorvoll, ehrlich, authentisch, individuell und interessant sein... klingt nach einer Herausforderung? Ja, vielleicht! Doch zum Glück bieten viele Apps inzwischen verschiedene Optionen an, wie du dich beschreiben kannst, ohne alles in das freie Textfeld quetschen zu müssen.

Was gehört in eine gute Bio?

Ein freies Textfeld bietet dir die Möglichkeit, dich in deinen eigenen Worten zu präsentieren – und genau hier liegen oft die Schwierigkeiten: Was schreibt man am besten? Der Schlüssel liegt darin, dieselben Tipps zu befolgen wie bei deiner Bildauswahl: Authentizität und eine Präsentation deiner Persönlichkeit in verschiedenen Facetten. Eine gute Bio zeigt ein positives und ganzheitliches Bild von dir und schafft es, ehrlich und originell zu sein, ohne übertrieben oder gezwungen zu wirken.

Tipps für die perfekte Bio

- **Sei du selbst:** Schreibe über Dinge, die dir wirklich wichtig sind – ob Hobbys, Werte oder kleine, humorvolle Eigenheiten
- **Halte es prägnant:** Zu lange Texte können abschreckend wirken. Eine kurze, aussagekräftige Bio ist oft einprägsamer und lässt Raum für Neugierde
- **Nutze Humor, aber subtil:** Ein witziger Kommentar oder eine lockere Formulierung macht deine Bio einladend, aber achte darauf, dass der Humor authentisch wirkt
- **Verwende Stichworte, um wichtige Details zu betonen:** Apps wie Bumble bieten spezifische Felder für Hobbys, Werte oder Lieblingsbeschäftigungen. Nutze diese, um die Bio selbst übersichtlich zu halten

Was sollte in die Bio – und was besser nicht?

Wie oft liest man in Bios Aussagen wie:

✗ „Bitte sei nicht kleiner als ich!“

✗ „Keine Männer, die Schlager hören!“

✗ „Keine Frauen, die Fußball spielen!“

Auch wenn das deine Wünsche sein mögen, solltest du vermeiden, negative oder ausschließende Aussagen in deiner Bio zu machen. Positivität ist attraktiver und macht Lust darauf, dich kennenzulernen. Warum nicht stattdessen einfach schreiben, was du dir wünschst oder suchst? Schöner wäre doch zu lesen:

✔ „Ich suche jemanden, der genauso sportbegeistert ist wie ich.“

✔ „Du hörst gern Helene Fischer? Lass uns die Nacht durchtanzen!“

Diese kleinen Formulierungen strahlen Offenheit aus und machen andere neugierig. Positivität lädt zum Gespräch ein und zeigt deinem Match, dass du dich darauf freust, jemanden kennenzulernen.

Der Eisbrecher: Humor

Humor ist ein fantastischer Eisbrecher, doch beim Ausfüllen der Bio sind die meisten von uns nicht unbedingt in Höchstform. Wie zur Hölle soll man auf Knopfdruck witzig sein und das auch noch in ein paar knackige Zeilen packen? Wenn dir gerade kein witziger Spruch einfällt, beschränke dich auf das, was du suchst, und eine kurze, authentische Selbstbeschreibung.

Inspirierende Bio-Ideen

Hier sind ein paar Beispiele, die dir helfen können, deinen eigenen Stil zu finden. Diese Bios sind mir und anderen besonders im Gedächtnis geblieben:

- ✔ „Meine Pflanzen haben sich beschwert, dass ich zu viel zu Hause bin."
- ✔ „Hobbys: Joggen, lesen und 10 Sekunden auf den Berg steigen, bevor ich wieder runterfalle."
- ✔ „Abenteuerlustig, aber meistens nur im Supermarkt auf der Suche nach neuen Snacks."

Diese Beispiele zeigen, dass ein wenig Kreativität und Authentizität Wunder wirken können. Halte die Beschreibung locker, freundlich und zeige deine Persönlichkeit. Es muss nicht perfekt sein – das Wichtigste ist, dass es zu dir passt und sich natürlich anfühlt.

Falls du immer noch denkst, Online-Dating sei nur oberflächlich und es ginge nur ums Aussehen: Eine Studie aus 2021[11] zeigt das Gegenteil. Natürlich spielen die Fotos in Bezug auf den ersten Eindruck und die Attraktivität eine wichtige Rolle. Doch die Profiltexte sind entscheidend, wenn es darum geht, wie die Persönlichkeit und Intelligenz wahrgenommen werden.

Learnings

- ✔ **Halte es positiv:** Vermeide „Nein“ und „Keine“ - drücke deine Wünsche lieber positiv aus
- ✔ **Sei authentisch:** Beschreibe, wer du bist und was dir wirklich wichtig ist
- ✔ **Zeige deine Interessen:** Gib Anhaltspunkte, über die dein Match leicht ins Gespräch kommen kann
- ✔ **Humor ist willkommen, aber kein Muss:** Wenn dir nichts Witziges einfällt, bleib einfach ehrlich und direkt
- ✔ **Verwende eine einladende Sprache:** Formuliere offen und ansprechend, sodass sich andere dazu eingeladen fühlen, dich kennenzulernen

Profilangaben

In den meisten Apps findest du die Möglichkeit, persönliche Daten anzugeben, die potenziellen Matches wertvolle Einblicke in deine Persönlichkeit bieten. Bei Bumble heißt dies beispielsweise „Über mich“. Dort kannst du Angaben wie deine Körpergröße, Sportgewohnheiten oder auch deine Religion machen. Um dir die Entscheidung zu erleichtern, welche Angaben sinnvoll sind, habe ich hier eine Tabelle erstellt, die Empfehlungen und Erklärungen enthält:

Bezeichnung	Empfehlung	Erklärung
Arbeit	Unbedingt	Dein Job ist ein interessanter Aufhänger für einen Gesprächsbeginn und kann viel über dich aussagen. Im Idealfall, magst du deinen Job und sprichst gern darüber.
Ausbildung	Bei Bedarf	Wenn deine Ausbildung für dich prägend war, kann sie eine interessante Ergänzung sein.
Geschlecht	Bei Bedarf	Einige Apps bieten binäre und non-binäre Geschlechtsoptionen an. Wenn dir das Geschlecht wichtig ist oder du selbst deines offenbaren möchtest, kannst du diese Angabe ausfüllen.
Standort	Bei Bedarf	Der Standort zeigt deinen aktuellen Aufenthaltsort. Wenn du auf der Suche nach einem Date in einer anderen Stadt bist, vereinfacht diese Angabe das Matchen.
Heimatort	Unbedingt	Diese Angabe kann deinem Gegenüber die Möglichkeit geben, Gemeinsamkeiten zu entdecken oder in den ersten Nachrichten darauf einzugehen.
Größe	Unbedingt	Viele legen Wert auf das Größenverhältnis. Sei hier ehrlich, dein Date wird es ohnehin feststellen.
Bildungsstand	Bei Bedarf	Kann ein interessantes Detail sein, falls dir das Bildungsniveau wichtig ist.
Alkohol	Bei Bedarf	Wenn dein Alkoholkonsum eine Rolle in deinem Leben spielt, kann dies hilfreich sein.

Rauchen	Unbedingt	Rauchen ist für viele ein wichtiges Kriterium, da es Einfluss auf das tägliche Leben hat.
Cannabis	Bei Bedarf	Wenn du regelmäßig konsumierst, solltest du das ehrlich angeben, da es in Beziehungen später relevant werden könnte.
„Ich suche…“	Unbedingt	Klare Angaben darüber, wonach du suchst, schaffen direkt Klarheit und geben potenziellen Matches Orientierung.
Kinderwunsch	Bei Bedarf	Wenn du einen klaren Kinderwunsch hast und eine feste Beziehung suchst, kann dies für die Zukunftsplanung deines Matches relevant sein.
Kinder	Unbedingt	Ehrlichkeit in Bezug auf eigene Kinder ist essenziell, um sicherzustellen, dass dein Date diese akzeptieren kann.
Sternzeichen	Bei Bedarf	Für manche ist das Sternzeichen ein interessanter Zusatz, der Gesprächsstoff bieten kann.
Politik	Bei Bedarf	Politik ist ein sensibles Thema. Wenn du eine klare Haltung hast und sie dir wichtig ist, kannst du diese angeben.
Religion	Bei Bedarf	Wenn dir Religion wichtig ist und du dir wünschst, dass dein Date ähnliche Werte hat, kann diese Angabe nützlich sein.
Sprachen	Unbedingt	Sprichst du mehrere Sprachen? Das macht dich interessanter und kann Gemeinsamkeiten aufzeigen.

Warum Lebensziele in deinem Profil wichtig sind

Forscher der Washington University in St. Louis fanden heraus, dass die Angabe von Lebenszielen im Dating-Profil die Attraktivität steigern kann. Die Studie[12], veröffentlicht im *International Journal of Applied Positive Psychology*, zeigt: Profile, die ein Lebensziel betonen – ob es prosozial, kreativ, bindungs- oder finanziell orientiert ist – werden positiver bewertet als Profile ohne solche Angaben.

Teilnehmende fühlten sich vor allem zu Profilen hingezogen, deren Lebensziele den eigenen ähnelten. Kreative Menschen schätzten kreative Profile, während Profile mit finanziellen Zielen als weniger attraktiv galten. Diese Ergebnisse unterstreichen die Bedeutung authentischer Angaben im Dating-Profil und betonen, dass Gemeinsamkeiten entscheidend für die Anziehung sind.

Studienautorin Isabella D'Ottone betont, dass wir tatsächlich nach Menschen mit einem Ziel im Leben suchen. Ein klar kommuniziertes Lebensziel erhöht also die Chancen auf eine glückliche und langfristige Partnerschaft.

Interessen – Authentisch und vielseitig sein

In Dating-Apps sind Interessen eine wunderbare Möglichkeit, sich selbst zu präsentieren und Anknüpfungspunkte für Gespräche zu schaffen. Gerade bei Bumble kannst du aus einer Vielzahl an Kategorien wählen, z. B.:

- Self-Care (Achtsamkeit, Ernährung, tiefe Gespräche)
- Sport (Fitnessstudio, Boxen, Joggen)
- Kreativität (Fotografie, Kunst, Schreiben)

- Ausgehen (Bars, Konzerte, Festivals)
- Zuhause (Backen, Gärtnern, Lesen)

Bumble erlaubt dir, fünf Interessen auszuwählen, was zunächst herausfordernd sein kann, aber auch eine tolle Gelegenheit bietet, deine Vielseitigkeit zu zeigen.

Interessen sind nicht nur ein „Haken", den du setzt, sondern geben anderen Menschen Einblicke in deine Persönlichkeit. Gemeinsame Hobbys oder Werte, wie etwa ein Einsatz für Umweltschutz, können der Ausgangspunkt für tiefere Gespräche und vielleicht sogar eine Beziehung auf Augenhöhe sein. Auch wenn es für dich verlockend sein mag, nur auf ein Thema wie Sport zu setzen, ist es sinnvoll, Interessen aus verschiedenen Kategorien zu wählen. Zeige, dass du vielseitig bist - vielleicht sportlich aktiv, aber auch an Büchern oder sozialen Themen interessiert. So gibst du anderen ein authentisches und facettenreiches Bild von dir. Wähle Interessen, die wirklich deinen Alltag und deine Werte widerspiegeln. Wenn du deine Abende gern mit einem Buch oder einem Spaziergang verbringst, dann lass das auch durchblicken. Authentizität ist nicht nur sympathisch, sondern erhöht auch die Chance, jemanden zu finden, der genau das zu schätzen weiß.

Profilfragen

Die App Bumble bietet dir über 20 Profilfragen, die du beantworten kannst, um mehr von dir selbst zu zeigen und deinem Profil Persönlichkeit zu verleihen. Diese Fragen sind vorausgewählt und ermöglichen es dir, auf charmante Weise persönliche Informationen zu teilen, die über die klassischen Angaben hinausgehen.

Profilfrage	Antwort Beispiel
Ich habe mich selbst dazu herausgefordert…	wieder mit dem Surfen anzufangen
Swipe nach rechts, wenn du einen guten Ort kennst für…	Spaghettieeis
Ich begeistere mich viel zu sehr für…	Fußball
Meine Superpower im echten Leben ist…	immer positiv zu sein
Meine Schwäche ist…	Sushi
Ich werde nie die Zeit vergessen, als ich…	auf Safari war
Ein perfekter Sonntag geht nicht ohne…	einen Strandspaziergang
Ich bin ein echter Nerd bezüglich...	griechischer Mythologie

Warum Profilfragen den Unterschied machen

Mit diesen Profilfragen kannst du dich einfach und charmant präsentieren und gleichzeitig Anknüpfungspunkte für Gespräche schaffen. Der große Vorteil: Dein Gegenüber könnte sich in den Antworten wiederfinden. Schließlich wissen wir bereits, wie wichtig Gemeinsamkeiten für eine erfolgreiche Verbindung sind.

Zusätzlich helfen Profilfragen dabei, die Konversation zu starten. Oft fällt es beiden Parteien schwer, einen lockeren Einstieg in das Gespräch zu finden. Deine Antworten auf die Profilfragen bieten deinem potenziellen Match eine Einladung, darauf einzugehen und direkt ein Gesprächsthema zu finden.

Stell dir vor, jemand schreibt:

- ✔ „Griechische Mythologie? Super! Lass uns ins Museum gehen, das ist voll mein Ding."
- ✔ „Du surfst auch? Ich habe gerade erst angefangen, vielleicht gehen wir mal zusammen?"

Die Profilfragen machen es dir leicht, authentische Einblicke zu geben und zugleich eine spannende Basis für erste Gespräche zu schaffen. Nutze diese Möglichkeit, um neugierig zu machen und potenziellen Matches zu zeigen, wer du wirklich bist.

Verknüpfung von Spotify- und Instagram-Konten

Viele Dating-Apps bieten die Möglichkeit, externe Profile wie Instagram oder Spotify zu verknüpfen, um ein umfassenderes Bild von dir zu vermitteln. Bei Bumble kannst du beispielsweise die letzten neun Fotos deines Instagram-Feeds anzeigen lassen. Dies kann vorteilhaft sein, wenn du authentische Einblicke in dein Leben geben möchtest. Allerdings solltest du darauf achten, welche Bilder sichtbar sind. Wenn andere Personen auf den Fotos zu sehen sind, ist es wichtig, deren Einverständnis einzuholen, bevor du die Verknüpfung herstellst.

Die Verbindung deines Spotify-Kontos ermöglicht es, deine meistgehörten Künstler:innen in deinem Profil anzuzeigen. Dies bietet potenziellen Matches einen Einblick in deinen Musikgeschmack und kann als Gesprächseinstieg dienen. Musik ist oft ein sehr persönlicher Aspekt, und gemeinsame Vorlieben können die Basis für tiefere Gespräche und Verbindungen sein.

Hinweis zur Verknüpfung:

Beachte, dass durch die Verknüpfung deiner Konten zusätzliche persönliche Informationen für andere Nutzer:innen sichtbar werden. Überlege daher, welche Daten du teilen möchtest, und prüfe regelmäßig die Privatsphäre-Einstellungen sowohl in der Dating-App als auch in den verknüpften Diensten.

Learnings

✔ Authentizität is the key! Dein Profil sollte dich authentisch widerspiegeln

✔ Zeige dich in möglichst vielen deiner Facetten

✔ Bringe Humor rein, aber erzwinge es nicht

✔ Klare Angaben machen es anderen einfacher, Gemeinsamkeiten zu finden

✔ Stay positive! Statt negative oder ausschließende Aussagen zu machen, formuliere positiv, was du suchst oder magst

✔ Die Angabe deiner Lebensziele kann deine Attraktivität erhöhen

✔ Wähle aus verschiedenen Kategorien Interessen aus, um ein umfassendes Bild von dir zu geben und authentische Verbindungen zu fördern

✔ Wenn du magst, nutze die Möglichkeit Spotify und Instagram mit deinem Profil zu verknüpfen um mehr Einblick in dein Leben zu geben

✔ Nutze Profilfragen, um interessante Antworten zu geben, die potenzielle Matches leicht aufgreifen können

Interview mit Jessica Firlej

Beruf: Autorin, Podcasterin, Influencerin, Journalistin

Was bedeutet Dating auf Augenhöhe für dich und die Frauen, die deinen Podcast hören oder dir auf Social Media folgen? Welche Erwartungen gibt es hier an Männer?

Dating auf Augenhöhe bedeutet für mich und die Frauen, die meinen Podcast hören und mir auf Social Media folgen, dass man brutal ehrlich und offen seine Bedürfnisse äußern kann, ohne Angst zu haben, dass der andere einen dadurch verlässt oder von sich stößt. Augenhöhe beim Dating bedeutet, dass beide gleiche oder ähnliche Erwartungen an ihren Partner haben: Darin, was Liebe für sie bedeutet, wie sie Beziehung leben wollen, welche Zukunftsvisionen sie haben und ob sie ein ähnliches Nähe-Distanz-Verhalten an den Tag legen. Offenheit und Transparenz, was die eigenen Vorstellungen zu diesen Themen angeht, gehören zu den Erwartungen, die an Männer gestellt werden. Auch eine Bereitschaft, sich festzulegen und zu binden. Aber vor allem erwarten die meisten Frauen von den Männern eines: Dass sie wissen, was sie wollen. Das wiederum setzt voraus, dass man sich mit den eigenen Bedürfnissen und dem eigenen Leben beschäftigt hat. Wer nicht weiß, wer er/sie ist, was er möchte und was er/sie braucht, wird mit einer Person, die sich in diesen Bereichen weiterentwickelt hat, nicht zusammenpassen. Eine Beziehung auf Augenhöhe ist in solchen Fällen nicht möglich. Wir begegnen Menschen immer nur so weit, wie wir uns selbst begegnet sind.

In deiner Erfahrung, welche Missverständnisse oder Verhaltensweisen verhindern am häufigsten, dass Paare beim Dating eine Beziehung auf Augenhöhe aufbauen?

Das größte Problem, das ich häufig sehe, ist das Menschen nicht ordentlich heilen, bevor sie sich in die nächste Beziehung stürzen. Eine Beziehung ist grundsätzlich zum Scheitern verurteilt, wenn eine Person dafür benutzt wird, dass man sich gut und besser fühlt, weil man das tote Gewicht der letzten Beziehung nicht abgelegt und den ganzen Ballast noch mit sich rumschleppt.

Es ist nicht fair, einen anderen Menschen dafür zu benutzen, die Leere, die entstanden ist, zu füllen, die er gar nicht füllen kann. Es ist die Arbeit von einem selbst und eines der härtesten Dinge, die jede:r je machen wird: Alleine zu heilen. Ohne andere Menschen dafür zu benutzen, das Loch zu stopfen, das man verspürt. Ohne Menschen zu daten, obwohl man weiß, dass man nicht bereit dafür ist. Ohne jedes Wochenende rauszugehen, um jemanden kennenzulernen, um sich abzulenken.

Zu heilen zwingt uns dazu, sich mit der Trauer auseinanderzusetzen und sie zu fühlen und ja, das ist ein schreckliches Gefühl, aber es lohnt sich. Es wird uns heilen von innen und von außen, bis wir wieder ganz sind, bis wir wieder authentisch als wir selbst erscheinen und erst dann sollten wir wieder in Beziehung zu anderen Menschen treten und daten. Das kann dann nur auf Augenhöhe geschehen.

Mehr Antworten von Jessica liest du hier:

Interview mit Oliver Sanne

Bekannt aus: Der Bachelor 2015

Was hältst du von Konzepten wie Pickup-Artists und manipulativem Verhalten beim Dating? Wie wirkt sich das auf echte Verbindungen aus?

Die Pickup-Artists, die ich bisher auf Social Media und Co. wahrgenommen habe, wirken auf mich meist ziemlich lächerlich. Viele von ihnen präsentieren sich als selbsternannte „Flirtspezialisten", die mit peinlichen Methoden eher abschrecken als überzeugen – vermutlich, weil sie selbst nicht besonders erfolgreich im Dating sind. Der Film „Hitch - Der Date Doktor" hat mir damals allerdings gut gefallen. Wenn es solche Ansätze gibt, die Menschen mit geringem Selbstbewusstsein wirklich helfen, mehr Selbstwertgefühl und Selbstliebe zu entwickeln, dann finde ich das grundsätzlich unterstützenswert. Einen Coach zu haben, der dabei hilft, sicherer im Umgang mit Frauen oder Männern zu werden und Ängste abzubauen, ist eine gute Sache. Manipulative Strategien, wie sie oft mit der Pickup-Szene verbunden werden, sehe ich jedoch kritisch. Solche Ansätze verhindern echte Verbindungen, weil sie auf Tricks und Unehrlichkeit statt auf Authentizität und Respekt basieren. Eine stabile und ehrliche Beziehung entsteht nicht aus Manipulation – dafür braucht es echte Offenheit und Augenhöhe.

Was macht für dich ein gelungenes erstes Date aus?

Ein gelungenes erstes Date erkennt man für mich daran, dass beide Lust auf ein zweites Date haben. Es zeigt, dass man auf einer Wellenlänge liegt – vor allem beim Humor und im Gespräch. Wenn man gemeinsam lacht, interessante Gespräche führt und keine unangenehmen Schweigepausen entstehen, dann ist das ein gutes Zeichen.

Ein flüssiger Dialog und ein echter Austausch sind für mich essenziell. Wenn man sich nach dem Date verabschiedet und später noch eine Nachricht bekommt, wie: „Hey, das war ein toller Abend, hast du Lust, das bald zu wiederholen?“, dann ist das für mich der perfekte Abschluss eines gelungenen ersten Treffens.

Was bedeutet für dich Dating auf Augenhöhe?

Dating auf Augenhöhe bedeutet für mich in erster Linie einen respektvollen Umgang und eine gewisse Seriosität gegenüber dem Dating-Partner. Es geht darum, dem anderen mit echter Wertschätzung zu begegnen. In der heutigen Zeit, in der man sich oft über Plattformen wie Tinder oder vielleicht auch im Alltag begegnet, ist es besonders wichtig, bewusst präsent zu sein.

Wenn man sich zu einem Date verabredet, sollte man Pünktlichkeit als Selbstverständlichkeit ansehen, das Handy zur Seite legen und dem Gegenüber volle Aufmerksamkeit schenken. Interesse zu zeigen, Fragen zu stellen und diese offen sowie ehrlich zu beantworten, ist für mich essenziell. Sich zu verstellen bringt langfristig nichts und führt nur zu Problemen. Um wirklich auf Augenhöhe zu sein, ist gegenseitiger Respekt der Schlüssel – und zwar in jeder Interaktion.

Mehr Antworten von Oliver liest du hier:

Story Time mit "Paul"

Möchte anonym bleiben

Wir matchten uns bei Hinge und nach wenigen Nachrichten, begannen wir mit dem Austausch von Sprachnachrichten. Sie war Doktorandin der Neurologie und hatte zuvor Humanmedizin sowie Psychologie studiert. Allein ihr Lebenslauf war für mich schon sehr spannend, wenn auch etwas unwirklich. Ihre Fotos zeigten eine blonde, schöne und sportliche Frau. Unsere Sprachnachrichten nahmen ein Ausmaß an, das ich vorher nicht kannte. Es begann mit fünf Minuten und steigerte sich auf eine 20-minütige Sprachnachricht, die ich von ihr erhielt. Wir tauschten uns über alles mögliche aus und hatten wirklich einen super Flow in unserer Kommunikation.

Auf die, für mich längste Sprachnachricht der Welt, antwortete ich nur mit der Antwort, ob wir uns nicht einfach treffen wollten. Schließlich könnte ich dort auf alles eingehen und unser tolles Gespräch könnte weitergehen. Unsere beiden Terminkalender waren prall gefüllt, aber wir schafften es, ein Zeitfenster von 30 Minuten zu finden. Ich hatte eh schon lange vor, einmal das erste Date zeitlich zu begrenzen. Die Vorteile lagen für mich auf der Hand: Es gibt sofort einen Exit, niemand muss stundenlang den anderen aushalten, sondern hat Gewissheit, dass das Date recht schnell vorbei ist und wenn man sich gut versteht, vereinbart man ein zweites Date.

In meinem Lieblingskiosk trafen wir uns auf ein Bier und verstanden uns auf Anhieb prächtig. Unsere Gespräche aus den endlos langen Sprachnachrichten, die wir bis dahin ausgetauscht hatten, wurden weitergeführt und der sowieso schon kurze Zeitraum verging wie im Flug. Wir wollten uns schnell wiedersehen und verabredeten uns für Freitag zum Feiern. Drei Tage später war es dann soweit und anders als bei unserem ersten Treffen, das sie mit Oversize-Hoodie und Leggins bestritt, stand sie nun in einem kurzen schwarzen Kleid vor mir. Es brauchte keine Eingewöhnungszeit, kein Aufwärmen. Es brauchte genau zwei Bier und einen Mexikaner und wir fingen an uns zu küssen. Die restliche Nacht feierten und knutschten wir durch die Bars und Clubs, bis wir uns verabschiedeten und beide je für sich den Heimweg antraten.

Am nächsten Tag stand für mich nicht nur Auskatern an, sondern auch ein Konzert. Auf der Fahrt dorthin machte ich noch kurz eine Sprachnachricht und sagte, dass ich mich nach dem Konzert melden würde. Um ca. 23:00 Uhr war ich auf dem Heimweg und selbstverständlich schrieb ich ihr eine kurze Nachricht und fragte sie, wie ihr Abend gewesen sei. Am nächsten Morgen hatte ich noch keine Antwort von ihr, was mich stutzig werden ließ. Sie antwortete für gewöhnlich sehr schnell. Gegen Mittag dann eine Antwort: „Können wir kurz telefonieren?" Natürlich war mir bewusst, dass hier etwas nicht stimmen konnte. Ich machte mich auf alles gefasst: „Ich bin eigentlich noch in einer Beziehung", „Ich glaube, ich fühle das mit uns nicht so" oder etwas Vergleichbares malte ich mir aus. Es kam anders. Das Gespräch verlief ungefähr so:

Sie: „Ich finde es ziemlich blöd, dass du dich gestern nicht gemeldet hast."

Ich: „Aber ich habe ich mich doch gemeldet."

Sie: „Nein, hast du nicht."

Ich: „Oh, hast du meine Nachricht nicht bekommen? Bei WhatsApp werden mir zwei Haken angezeigt, ich hatte dir eine Nachricht gesendet vor dem Konzert und eine nach dem Konzert."

Sie: „Aber nicht während des Konzertes."
Ich: „Wie meinst du?"
Sie: „Ja, du hättest dich ruhig mal zwischendurch melden können."
Ich: „Ich war auf einem Konzert. Mit Freunden."

Nun ja, ich versuchte ihr noch weiter zu erklären, dass ich während eines Konzertes mich nicht in der Pflicht sehe, Nachrichten zu schreiben oder mich überhaupt bei irgendwem zu melden. Zumal ich ihr vor dem Konzert ja eine Sprachnachricht gesendet habe. Zur Erinnerung, ich habe diese Frau erst zweimal getroffen. Nachdem sie sich nun eine halbe Stunde über mein Nicht-Melden aufgeregt hatte, fragte sie tatsächlich nach einem Wiedersehen. Wahrscheinlich aus Angst vor ihrer Reaktion schlug ich ihr ein neues Treffen vor, für in einer Woche.

Sie: „Das ist in einer Woche."
Ich: „Ja."
Sie: „Das sind sieben Tage."
Ich: „Ja, eine Woche."
Sie: „Warum nicht früher?"
Ich: „Weil ich nicht vorher kann."
Sie: „Das ist mir zu spät, warum erst so spät?"

Meine Erklärungsversuche, dass ich meine Woche nunmal geplant hatte und nicht wissen konnte, dass ich sie kennenlernen würde, interessierte sie leider wenig. Dass ich meine beruflichen Termine sowie meine Verabredungen mit Freunden nicht absagen würde, stieß ebenfalls auf kein Verständnis. Ich beendete unsere kurze Datingphase mit diesem Telefonat.

Übrigens, sie hatte auch mit ihrer Mutter darüber gesprochen und diese fand es auch nicht angemessen, dass ich mich während des Konzertes nicht gemeldet habe.

6. KAPITEL

Die erste Nachricht

„Liebe ist der Wunsch, etwas zu geben, nicht zu erhalten.“

- Bertold Brecht

Zunächst die Frage: Wer schreibt wen an? Befinden wir uns noch in so alten Rollenklischees, dass der Mann die Frau anschreiben muss oder sind wir mittlerweile weiter in unserem Denken und Handeln?

Und wenn diese Fragen geklärt sind, wie schreibe ich überhaupt jemanden an? Natürlich, über eine Dating-App fällt uns der Einstieg meist leichter als in einem Club oder beim Einkaufen. Wir können uns Zeit nehmen, Nachrichten vorschreiben und wieder löschen oder uns beratschlagen. Und auch wenn es blöd ist, einen Korb zu bekommen, ist es online noch etwas einfacher zu verkraften als in der Öffentlichkeit.

Auch zum Thema der ersten Nachricht gibt es zahlreiche Veröffentlichungen, von denen ich die, meiner Meinung, nach aussagekräftigsten vorbringen möchte.

Laut einer Analyse der Dating-App OkCupid[13] sollten Frauen viel öfter die Initiative ergreifen. Denn laut diesen Daten ist es 3,5-mal unwahrscheinlicher, dass Frauen die erste Nachricht schreiben. Natürlich könnte es daran liegen, dass die Frau schon so viele Nachrichten bekommt, dass sie niemanden mehr anschreiben muss, also keinen Bedarf hat. Laut OkCupid beeinflusst die Zahl der empfangenen Nachrichten jedoch nicht, wie häufig man selbst den ersten Schritt macht. Auch das Alter oder das Attraktivitätsranking haben keinen signifikanten Einfluss auf das Initiativverhalten der Frauen. Warum Männer häufiger die erste Nachricht senden, geht aus der Untersuchung nicht hervor, jedoch liegt die Vermutung nahe, dass dies an einem teils noch klassischen Rollenverständnis liegt. Außerdem zeigt die Analyse, dass Frauen eine 2,5x mehr Antworten erhalten als Männer.

Die Dating-App Hinge hat 2020 eine Analyse[14] durchgeführt, nach der 64 Prozent der männlichen Nutzer glauben, dass sie die erste Nachricht senden sollten. Dies spiegelt klar die traditionellen Rollenbilder wider, in denen Männer als die Initiatoren beim Dating gesehen werden. Dieselbe Meinung vertreten laut Hinge 36 Prozent der Nutzerinnen. Insgesamt finden 39 Prozent der Hinge-Nutzer:innen, dass es egal ist, wer die erste Nachricht sendet.

Für alle, die der Frage aus dem Weg gehen wollen, eignet sich Bumble. In dieser App ist es nur möglich, als Frau den ersten Schritt zu gehen. Dies soll vor allem zu mehr Wohlbefinden für Frauen führen, die sich sonst von einer Vielzahl von Nachrichten förmlich erschlagen fühlen könnten. Und ganz ehrlich, wir wollen doch Gleichberechtigung. Nicht nur im Arbeitsmarkt, bei der Kindererziehung, sondern auch beim Dating.

Doch egal, ob Frau oder Mann die erste Nachricht sendet: aller Anfang ist schwer. Ein einfaches „Hey, wie geht's?" sollte doch reichen, oder? Natürlich kannst du Glück haben und dein Match antwortet dir. Aber wir wollen die Wahrscheinlichkeit für eine Antwort erhöhen und dazu noch eine wertschätzende Unterhaltung beginnen, auf die ihr aufbauen könnt. Drehen wir den Spieß mal um. Über was für eine Nachricht würdest du dich denn freuen? Ein allgemeines „Hey, wie geht's?" oder doch eher eine individuelle Nachricht, in der du dich persönlich angesprochen fühlst? Auch das Senden von GIFs oder einem Smiley allein solltest du unterlassen. Nimm dir die Zeit und mache dir die Mühe, etwas mehr zu investieren. Es wird sich lohnen! Deine erste Nachricht sollte sich vor allem auf ein Merkmal im Profil deines Matches beziehen, zum Beispiel:

- ✔ „Hey, du fährst auch gern auf Festivals? Ich war schon ewig auf keinem. Welches würdest du mir empfehlen?"
- ✔ „Hey, dein Foto beim Wandern sieht sehr idyllisch aus. Wo genau warst du da?"
- ✔ „Hey, ich hab gesehen, dass du auch Taylor Swift Fan bist? Warst du auch auf dem Konzert?"

Grund und Vorteil liegen klar auf der Hand. Indem du dich auf Bilder oder Angaben im Profil deines Matches beziehst, zeigst du, dass du das Profil aufmerksam gelesen hast. Außerdem wird dein Gegenüber erkennen und sicher auch wertschätzen, dass du einen individuellen Text schreibst, anstatt Copy&Paste-Nachrichten zu versenden. Platziere auch unbedingt eine Frage in deiner ersten Nachricht. Du möchtest schließlich eine Antwort bekommen und ein Gespräch beginnen. So gibst du deinem Gegenüber eine Möglichkeit, direkt auf deine Nachricht einzugehen, und zeigst auch noch Interesse an der Person.

Übrigens, ich kann dir raten, auch Smileys in deinen Nachrichten zu benutzen. Durch die Symbole kannst du Emotionen schneller und deutlicher abbilden. Missverständnisse, die während des Schreiben aufkommen, kennen wir alle aus unzähligen WhatsApp-Chats und möchten diese unbedingt vermeiden. Außerdem lassen Smileys deine Nachrichten sympathischer und authentischer wirken. Auch die Hochschule Fresenius Köln unterstreicht mit einer Untersuchung[15], dass Smileys den emotionalen Gehalt von Nachrichten erhöhen können und daher ein Muss sind. Der totale Eisbrecher sind natürlich witzige Nachrichten. Wenn dir ein guter Joke einfällt und du den Bogen zum Profil spannen kannst, hast du gute Chancen, im Gedächtnis zu bleiben und eine Antwort zu erhalten. Du solltest aber aufpassen, dass du keine Witze auf Kosten anderer oder deines Matches machst. Humor ist sehr individuell und kann schnell verletzend sein.

Ebenfalls solltest du vorsichtig mit Komplimenten zu Äußerlichkeiten sein, da sie oft als oberflächlich wahrgenommen werden und schnell falsche Absichten implizieren. Eine Studie aus dem Jahr 2011[16] unterstreicht, was ich zuvor aufzuzeigen versucht habe. Die Forschenden fanden heraus, dass gewisse Merkmale einer ersten Nachricht die Chancen für eine Antwort erhöhen:

- **Länge der Nachricht:** Längere Nachrichten erhöhten die Wahrscheinlichkeit einer Antwort.
- **Positive Emotionen:** Nachrichten mit positivem emotionalem Inhalt erhielten häufiger Antworten.
- **Selbstbezug:** Ein hoher Anteil an Wörtern, die sich auf den Sender selbst bezieht (z. B. „ich“, „mein“), korrelierte negativ mit der Antwortrate und ist zu vermeiden.
- **Fragen stellen:** Das Stellen von Fragen in der Nachricht erhöhte die Wahrscheinlichkeit einer Antwort.

Learnings

✔ **Augenhöhe zählt:** Wer den ersten Schritt macht, ist egal – wichtig ist, dass Dating unabhängig von Geschlecht oder alten Rollenbildern respektvoll abläuft

✔ **Bleib neutral bei Komplimenten:** Verzichte auf Äußerlichkeiten – deine Worte sollten Interesse an der Person zeigen, nicht nur am Aussehen

✔ **Positive Vibes:** Eine freundliche und optimistische Haltung wirkt anziehend

✔ **Smileys lockern auf:** Setze sie gezielt ein, um eine warme und entspannte Atmosphäre zu schaffen

✔ **Starte mit einer Frage:** Zeige echtes Interesse und eröffne das Gespräch mit einer cleveren oder neugierigen Frage

✔ **Profil-Bezug ist Trumpf:** Beziehe dich in deiner Nachricht auf etwas, das im Profil deines Matches steht. Das zeigt Aufmerksamkeit

- ✔ **Zeig echtes Interesse:** Mach klar, dass du die Person kennenlernen möchtest – nicht nur jemanden, der gerade verfügbar ist
- ✔ **Fass dich kurz:** Zwei bis drei Sätze reichen für den Anfang. Halte es unkompliziert und prägnant
- ✔ **Grammatik zählt:** Achte auf korrekte Rechtschreibung – das hinterlässt einen guten Eindruck
- ✔ **Bleib authentisch:** Sei du selbst – ein echtes Gespräch ist immer interessanter als eine perfekt gespielte Rolle
- ✔ **Fragen öffnen Türen:** Stelle offene Fragen, die das Gespräch in Gang setzen und zu echten Dialogen führen

Interview mit Marlen Peters

Beruf: Journalistin, Moderatorin, Influencerin

Als Journalistin und Beobachterin gesellschaftlicher Trends – was denkst du, welche Rolle das Thema Macht und Kontrolle in romantischen Beziehungen spielt, und wie können Paare einen gesunden Umgang damit finden?

Macht und Kontrolle machen die Liebe kaputt. Je mehr davon in einer Beziehung vorhanden ist, desto weniger ist es eine Gemeinschaft. Genau an sowas zerbricht Liebe. Genau deshalb tut sie weh. Genau deshalb funktioniert sie so oft nicht.

Ich bin keine Paar-Therapeutin, weshalb ich genau das empfehlen würde: Sobald man merkt, irgendwas ist komisch: offen reden! Communication is the key! Und wenn man's allein nicht schafft, warum keine Therapie ausprobieren? Ihr seid ein Team und als Team arbeitet man gemeinsam an Lösungen.

Wenn du über das Thema Dating auf Augenhöhe berichten würdest, welche zentrale Botschaft würdest du vermitteln, um ein tieferes Verständnis zu schaffen und positive Veränderungen in der Gesellschaft anzustoßen?

Mein Ansatz: Radikale Selbstliebe! Nur wer sich selbst auf Augenhöhe begegnet, sich selbst mit allen Ecken und Kanten akzeptiert, die guten wie die schlechten Seiten annimmt, sich selbst vertraut und wertschätzt, kann genau das weitergeben.

Was bedeutet für dich Dating auf Augenhöhe?

Dating auf Augenhöhe bedeutet für mich, dass sich die beteiligten Personen auf einer Ebene begegnen – alle werden gleich respektiert, gesehen, gehört, behandelt und geschätzt.

Wie siehst du die Rolle der Medien und insbesondere journalistischer Berichterstattung in der Darstellung von gesunden, gleichberechtigten Beziehungen? Gibt es Themen, die du persönlich für unterrepräsentiert hältst?

Ich bin mit Disney aufgewachsen: Schockverliebt in den einzig wahren Prinzen, der absolut perfekt ist, und gemeinsam reiten wir in den Sonnenuntergang. Nur um dann als Teenie in Talkshows zu sehen, dass die Realität komplett anders aussieht: Betrug hier, Vaterschaftstest da, Chaos überall.

Was ich mir wünsche, ist mehr Aufklärung. Wir sind sehr schnell mit Schuldzuweisungen und Schubladendenken. Insbesondere wenn es um Frauen geht, wie z. B. die verrückte Ex, die krankhaft eifersüchtige Freundin, die immer schlecht gelaunte Ehefrau. Dass so oft dahinter so viel mehr steckt, wie z. B. ein narzisstischer Mann, ein unbehandeltes Kindheitstrauma oder eine Depression, wird nicht thematisiert. Hier ist also viel Luft nach oben.

Die Liebe ist der Motor des Lebens. Sie wird immer unterrepräsentiert sein. Wie kann man jemals genug darüber wissen? Es gibt so viele Aspekte, so viele Möglichkeiten, so viele Auslegungen, so viele Bedeutungen, so viele Arten – Liebe ist allgegenwärtig und doch so mysteriös.

Mehr Antworten von Marlen liest du hier:

Interview mit EmilyyStella

Beruf: Sexarbeiterin, Erotikdarstellerin, Content Creatorin

Wie erlebst du diese Doppelmoral im Alltag, gerade in Bezug auf Nähe und Beziehungen? Glaubst du, dass die Akzeptanz von Sexarbeit in der Gesellschaft wachsen könnte, wenn mehr Menschen in ihrem Umfeld jemanden in diesem Beruf hätten?

Es ist spannend, wie der ganze Hype um Feminismus und um Sätze wie „Sex work is work" oft nur so lange funktioniert, bis jemand im eigenen Umfeld tatsächlich in der Branche arbeitet. Dann kippt die Akzeptanz häufig, und plötzlich ist es nicht mehr „in Ordnung".

Aus meiner Erfahrung kann ich aber sagen, dass Nähe und persönliche Begegnungen viel verändern können. Ich kenne einige Menschen, die anfangs sehr skeptisch oder voller Vorurteile gegenüber meinem Beruf waren. Durch intensiven Austausch und ehrliche Gespräche hat sich ihre Sichtweise aber oft komplett gewandelt.

Das Problem ist auch, dass viele ein verzerrtes Bild von Sexarbeit haben, weil sie nur die negativen Seiten kennen – sei es aus Dokus oder den Medien. Dort werden oft nur extreme oder problematische Fälle gezeigt. Die Geschichten von Frauen, die diesen Job gerne, erfolgreich und langfristig machen, kommen kaum vor. Dabei gibt es sie, und sie könnten helfen, ein ausgewogeneres Bild zu vermitteln. Nähe und persönliche Erfahrungen sind hier einfach unschlagbar.

Gibt es ein Erlebnis in deinem Datingleben, das dir besonders deutlich gemacht hat, wie wichtig Augenhöhe und gegenseitiger Respekt sind?

Ein prägendes Erlebnis, das mir sehr deutlich gemacht hat, wie wichtig Augenhöhe und gegenseitiger Respekt im Dating sind, hatte ich auf einer Reise ins Ausland. Eine Freundin und ich nutzten dort Tinder, um Einheimische kennenzulernen. So trafen wir einen Mann, mit dem wir unterwegs waren. Alles lief zunächst gut, doch als ich ihm erzählte, was ich beruflich mache, änderte sich seine Haltung schlagartig. Plötzlich verhielt er sich merkwürdig und begann, seltsame Geschichten zu erzählen. Dann traf er einen Bekannten, und die Situation kippte noch mehr. Er forderte mich plötzlich auf, seinen Kumpel zu umarmen, ihm eine gute Nacht zu wünschen und sogar einen Gute-Nacht-Kuss zu geben. In dem Moment wurde mir klar, dass er mich nicht mehr respektierte und mich nur noch als Objekt sah – offenbar nur aufgrund meines Berufs. Ich entschied mich sofort, die Situation zu verlassen. Als ich ging, reagierte er wütend und aggressiv, was für mich das letzte Zeichen dafür war, dass er mich nicht auf Augenhöhe sah und keinerlei Respekt mehr hatte. Offenbar dachte er, dass er mit mir alles machen könnte, nur weil ich in einem Beruf arbeite, in dem mich viele Männer nackt sehen dürfen. Dieses Erlebnis war mein Wendepunkt. Seitdem überlege ich genauer, wem und wann ich von meinem Job erzähle. Auch wenn diese Begegnung letztlich nicht katastrophal war, hat sie mir gezeigt, wie wichtig es ist, Grenzen zu setzen und darauf zu achten, dass Respekt und Augenhöhe im Vordergrund stehen.

Mehr Antworten von EmilyyStella liest du hier:

Interview mit Maria Maksimovic

Beruf: Model, Influencerin

Inwiefern hat dein Beruf als Model deine Dating-Erfahrungen oder deine Sicht auf Beziehungen beeinflusst? Hast du Unterschiede im Verhalten von Menschen bemerkt, die dich nur aufgrund deines Berufs ansprechen?

Als Model zu daten, kann wirklich problematisch sein. Wenn ich einen Typen date, wird das oft überall herum erzählt, als gäbe es eine Trophäe dafür, ein Model gedatet zu haben. Manche wollen sich gerne damit brüsten und verbreiten sofort Gerüchte. Es ist mir sogar passiert, dass, nur weil ich mit jemandem geredet habe, am nächsten Tag behauptet wurde, ich hätte mit ihm geschlafen. Deshalb habe ich mich von „Normalos“ distanziert, weil es immer das Gleiche war. Männer sehen Frauen oft als Trophäen an, und schöne Frauen haben in gewisser Weise auch Macht. Natürlich liegt Schönheit im Auge des Betrachters, aber es gibt eben eine Norm, und meine Modelkolleginnen und ich passen da rein. Deswegen waren wir oft zusammen im Club unterwegs, weil wir wussten, dass wir eine bestimmte Wirkung haben. Wir mussten nichts ausgeben; die Männer waren da und wollten uns. Wer sich auf so etwas einlassen wollte, hat es getan, und wer nicht, ging nach Hause, ohne einen Cent ausgegeben zu haben. Mit „Normalos“ habe ich aber nicht mehr gedatet, weil es ihnen meist nur darum ging, dass sie mit einem Model zusammen waren.

Du hast Dating-Apps ausprobiert, aber es kam nie zu einem Treffen. Was hat dir an der Nutzung der Apps nicht gefallen und wie hast du diese Erfahrung empfunden?

Ja, ich habe Tinder und Raya ausprobiert. Raya war ganz amüsant, vor allem, um zu sehen, welche Promis heimlich dort unterwegs sind. Es war eine diskrete Möglichkeit, sich mit Leuten aus meiner Szene zu vernetzen. Trotzdem habe ich mich nie mit jemandem getroffen, weil viele Männer nur an einer Sache interessiert sind. Bei Tinder war es ähnlich frustrierend. Männer sehen dort eine attraktive Frau nach der anderen, während Frauen auf tausend schöne Frauen vielleicht einen schönen Mann finden. Selbst wenn man einen attraktiven Mann sieht, hat er oft schon unzählige Likes und Matches. Das Ganze ist sehr oberflächlich und es gibt einfach nicht viele attraktive Männer auf diesen Plattformen.

Wie definierst du Dating auf Augenhöhe und warum ist dieses Prinzip für dich wichtig? Wie beeinflusst deine berufliche Identität dieses Verständnis?

Dating auf Augenhöhe bedeutet für mich, dass beide Parteien auf einem ähnlichen Niveau sind, sowohl emotional als auch beruflich. Dieses Prinzip ist besonders wichtig, weil eine Beziehung nur funktionieren kann, wenn beide einander verstehen und respektieren. Für mich als Person in der Öffentlichkeit ist es besonders schwierig, eine Beziehung auf Augenhöhe zu führen. Es ist herausfordernd, wenn der Partner nicht nachvollziehen kann, wie mein Leben als Influencerin funktioniert, und es dauert lange, bis Eifersucht und Missverständnisse aus dem Weg geräumt sind. Deshalb ist es oft schwer, mit jemandem zusammen zu sein, der beruflich auf einem völlig anderen Weg unterwegs ist.

Mehr Antworten von Maria liest du hier:

7. KAPITEL

Chatten: Zwischen dem Anschreiben und Daten

Der erste Schritt ist getan, die ersten Nachrichten werden ausgetauscht, und langsam, aber sicher entwickelt sich ein Gespräch. So hoffen wir zumindest immer. Schließlich haben wir das Profil auf der anderen Seite ausgewählt, weil es uns gefallen hat. Nun tun sich schnell neue Fragen auf: Wie halte ich ein Gespräch überhaupt aufrecht? Wie zeige ich mein Interesse und wie erkenne ich Interesse? Und muss dieses Schreiben eigentlich sein oder wäre ein direktes Treffen nicht viel sinnvoller?

Fangen wir direkt mit der letzten Frage an. Ich habe selbst schon sehr viele Matches gehabt und tolle Unterhaltungen vor dem ersten Date geführt. In vielen Fällen hatte ich ein unglaublich gutes Gefühl, wir schrieben teilweise die ganze Nacht und der nächste Morgen begann direkt mit einer „Guten Morgen"-Nachricht. Es fühlte sich zügig sehr vertraut an und als ob man die andere Person eigentlich schon lange kennt. Der Traum platzte oft viel zu schnell und hielt nicht mal dem ersten Date stand. Schnell wurde klar, dass die gute Chemie, die sich beim Schreiben entwickelte, in der Realität nicht vorhanden war. Solche Situationen fühlen sich nicht nur blöd und irgendwie nach Niederlage an, sie lassen auch die Motivation für lange und ausgiebige Chats schwinden. Und trotzdem möchte ich dir Gründe aufzählen, warum das Schreiben vor dem ersten Treffen Sinn ergibt und euch beiden helfen kann.

Das Schreiben ist ein wichtiger Schritt, um herauszufinden, ob du mit der anderen Person kompatibel bist. Auch der Kommunikationsstil gibt uns wertvolle Hinweise: Ist die Person humorvoll, ernst, direkt oder eher schüchtern? Tiefergehende Gespräche können zudem aufzeigen, welche Werte und Überzeugungen sie hat, was für die langfristige Kompatibilität wichtig ist. Wie wir in den ersten Kapiteln herausgestellt haben, helfen uns Gemeinsamkeiten, um Sympathie aufzubauen. Genau das findet auch im Schreibprozess statt.

Durch den Austausch von Nachrichten können wir feststellen, welche Hobbys unser Match hat und welchen Aktivitäten es nachgeht. Dieses Wissen können wir mit unseren Wünschen und Erwartungen an eine Partnerschaft abgleichen. Wie wichtig sind sportliche Aktivitäten? Gibt es gemeinsame Hobbys oder Interessen, die sich überschneiden? Ist eine Person der totale Couchpotatoe, während die andere ein Abenteuer nach dem anderen braucht, kann es schwierig werden.

Neben den praktischen Aspekten wie der Klärung des Wohnortes oder der zeitlichen Verfügbarkeit können wir auch die Absichten erfahren. Sucht dein Match nur etwas Lockeres oder eine langfristige Partnerschaft? Passen eure Vorstellungen hier zusammen?

Zusätzlich zu den reinen Fakten, die sehr greifbar und unemotional sind, können wir auch viel über die Kommunikationsfähigkeit erfahren. Jede:r von uns kommuniziert anders und fasst Geschriebenes und Gesprochenes anders auf. Wir kennen dies als die klassischen Missverständnisse, die wir tagtäglich mit Kolleg:innen und Freund:innen erleben. Meist sind es einfache und hoffentlich witzige Kommunikationsfehler. Um eine erfolgreiche Kennenlernphase zu haben, sollten jedoch so wenige dieser Situationen wie möglich eintreffen. Wir brauchen eine gesunde und verständnisvolle Kommunikation miteinander, um Vertrauen aufzubauen und eine Beziehung zu stärken.

Zur Kommunikationsfähigkeit gehören unter anderem folgende Aspekte:

- Klarheit und Präzision der Sprache
- Angemessener Einsatz von Fach- und Alltagssprache
- Fähigkeit, Gedanken und Ideen strukturiert zu präsentieren
- Verständliche und prägnante Formulierung

- Aufmerksamkeit und Interesse zeigen
- Verständnisfragen stellen
- Einfühlungsvermögen und Rücksichtnahme
- Verständnis für die Perspektive und Emotionen der Gesprächspartner:innen

Was genau nun für dich eine geeignete Kommunikationsfähigkeit ist, bestimmst du für dich selbst. Achte darauf, dass du dich in eurem Gespräch bzw. während eures Chattens wohl und verstanden fühlst.

Um beim Schreiben ein angenehmes Gefühl zu haben, benötigt jede:r von uns unterschiedliche Voraussetzungen. Grundsätzlich lässt sich aber sicher sagen, dass wir Wertschätzung und Interesse spüren wollen, um uns auf ein Kennenlernen einzulassen. Es gab in meinen Erfahrungen mit Dating-Apps schon viele Chats, bei denen ich mich als Alleinunterhalter gefühlt habe. Keine Gegenfrage, kurze und knappe Antworten oder kaum Inhalt mit Bezug zu mir oder meinem Profil. Wie erkennen wir also Interesse an uns und wie zeigen dieses?

Zuallererst sollten wir auf uns gucken und wie wir selbst kommunizieren, denn das können wir steuern und mit einigen Tricks positiv beeinflussen. Die klare Empfehlung für die erste Nachricht war, den Text individuell auf dein Match abzustimmen und dich auf ihr Profil zu beziehen. Dies hat auch für den weiteren Gesprächsverlauf Bestand.

Personalisierte Nachrichten

Wenn du Nachrichten schreibst, sei gezielt und achte auf die Details im Profil der anderen Person. Statt mit „Hi, wie geht's?" zu beginnen, solltest du Informationen aus dem Profil nutzen

– sei es ein gemeinsames Interesse, spezifische Fragen, die gestellt werden, oder besondere Aspekte, die dir aufgefallen sind. Solche maßgeschneiderten Nachrichten zeigen, dass du wirklich interessiert bist und dich mit dem Profil auseinandergesetzt hast. Das erhöht nicht nur die Wahrscheinlichkeit, dass deine Nachricht beachtet wird, sondern zeigt auch, dass du echtes Interesse hast.

Regelmäßige Kommunikation

Halte den Kontakt lebendig, indem du zeitnah auf Nachrichten reagierst und kontinuierlich aktiv bleibst. Ein schneller und regelmäßiger Austausch beweist dein ernsthaftes Interesse an der Kommunikation und zeigt, dass du bereit bist, Zeit und Energie in den Austausch zu investieren. Dies fördert nicht nur ein engagiertes Gespräch, sondern verstärkt auch den Eindruck, dass du an einer tiefgehenden Beziehung interessiert bist.

Aber vorsichtig: Es gibt noch ein Leben außerhalb von Dating-Apps. Achte auf deinen eigenen Energiehaushalt und dass du dein Leben und deine Aktivitäten nicht vernachlässigst. Dasselbe solltest du deinem Gegenüber zugestehen. Ein großes No-Go ist übrigens Double-Texting, also das Senden von zwei Nachrichten hintereinander, um eine fehlende Antwort zu klären. Wenn dir dein Match nicht mehr antwortet, ist das grundsätzlich ein blödes Gefühl. Du solltest es aber nicht unbedingt auf dich beziehen. Vielleicht hat die Person gerade kein Interesse mehr an einem Kennenlernen oder keine Energie zu antworten.

Komplimente machen

Wie schon einmal erwähnt, rate ich dir, dass du oberflächliche Komplimente am besten vermeidest. Versuche, ehrliche und spezifische Komplimente zu formulieren, die auf konkrete Aspekte der Person eingehen. Statt allgemeiner Lobeshymnen wie „Du bist hübsch“ oder „Du bist toll“, hebe etwas hervor, das dir am Profil oder dem Inhalt der Konversation besonders aufgefallen ist. Ein durchdachtes Kompliment, das zeigt, dass du dir Zeit genommen hast, die Person wirklich zu beobachten, kann eine tiefere Verbindung schaffen und viel bedeutender sein.

Gemeinsame Interessen betonen

Die Bedeutung von Gemeinsamkeiten kann ich nicht oft genug betonen. Sie sind der rote Faden im Dating-Prozess und geben immer Anlass für Gespräche. Rede drüber, schlag gemeinsame Aktivitäten vor oder plane etwas, was eure Gemeinsamkeiten widerspiegelt. Das macht eure Zeit zusammen intensiver, interessanter und sicher auch harmonischer. Du kannst damit eine tolle Grundlage für wertvolle Gespräche und schöne Erlebnisse schaffen.

Fragen stellen

Um das Gespräch spannender und tiefgehender zu gestalten, stelle offene Fragen, die Raum für ausführliche Antworten lassen. Frag nach Erfahrungen oder Meinungen zu unterschiedlichen Themen. Offene Fragen helfen, eine tiefere Unterhaltung zu führen und zeigen, dass du wirklich am Leben und den Gedanken deines Matches interessiert bist. Vermeide Ja-oder-Nein-Fragen, denn die führen oft nicht zu intensiveren

Gesprächen. Das Stellen von Fragen ist entscheidend für eine gute Kommunikation. Warum, möchte ich dir gerne genauer erklären:

1. Fördert tiefere Gespräche

Offene Fragen ermöglichen es dir, über oberflächliche Themen hinauszugehen und tiefgehende Gespräche zu führen. Statt nur über alltägliche Dinge zu sprechen, kannst du Einblicke in die Persönlichkeit, Interessen und Werte der anderen Person gewinnen. Dies schafft eine tiefere Verbindung und hilft, eine fundierte Basis für eine mögliche Beziehung zu legen.

2. Zeigt echtes Interesse

Wenn du Fragen stellst, die auf dem Profil der anderen Person basieren oder spezifische Details ihres Lebens betreffen, zeigt das, dass du wirklich an ihr interessiert bist. Das unterscheidet sich von generischen Fragen und signalisiert, dass du dir die Zeit genommen hast, mehr über sie zu erfahren.

3. Vermeidet monotone Gespräche

Gespräche können schnell stagnieren, wenn sie nur aus kurzen, oberflächlichen Antworten bestehen. Durch das Stellen von Fragen kannst du das Gespräch dynamisch und interessant halten. Offene Fragen regen zu ausführlicheren Antworten an und halten den Dialog lebendig.

4. Erleichtert die Kommunikation

Fragen helfen, das Gespräch zu lenken und neue Themen zu eröffnen. Wenn du dich unsicher fühlst, wie du das Gespräch am Laufen halten sollst, kann das Stellen von Fragen eine einfache Möglichkeit sein, den Fluss des Gesprächs zu steuern und Missverständnisse zu vermeiden.

5. Hilft, Gemeinsamkeiten zu finden

Durch gezielte Fragen kannst du Gemeinsamkeiten und Übereinstimmungen entdecken, die euch verbinden. Das kann das Gespräch vertiefen und euch helfen, eine solide Grundlage für eine potenzielle Beziehung zu schaffen. Gemeinsame Interessen oder Ansichten können Gespräche natürlicher und angenehmer gestalten.

6. Erlaubt dir, mehr über die Person zu erfahren

Fragen bieten die Gelegenheit, mehr über die Wünsche, Ziele und Lebensansichten der anderen Person zu erfahren. Diese Informationen sind entscheidend, um herauszufinden, ob ihr wirklich zueinander passt und ob eure Vorstellungen von einer Beziehung harmonieren.

7. Zeigt Engagement und Vorbereitung

Durch gezielte Fragen zeigst du, dass du dich mit dem Profil der anderen Person beschäftigt hast und bereit bist, in das Gespräch zu investieren. Das signalisiert Engagement und Vorbereitung, was von vielen Menschen als attraktive Eigenschaften angesehen wird.

8. Verhindert Missverständnisse

Offene Fragen können helfen, Missverständnisse frühzeitig zu klären und sicherzustellen, dass ihr beide auf derselben Wellenlänge seid. Sie ermöglichen es dir, Unklarheiten zu beseitigen und eine klare Kommunikation aufrechtzuerhalten.

9. Erhöht die Chance auf echte Verbindungen

Letztendlich helfen Fragen, eine echte Verbindung herzustellen, indem sie die Person hinter dem Profil offenbaren. Je mehr du über die andere Person erfährst, desto besser kannst du einschätzen, ob eine tiefere Beziehung möglich ist. Indem du regelmäßig Fragen stellst, trägst du dazu bei, dass das Gespräch fließt und du ein besseres Verständnis für die andere Person entwickelst. Das kann entscheidend sein, um erfolgreiche und bedeutungsvolle Beziehungen aufzubauen

Ein gewisses Engagement gehört also zu einem Kennenlernen dazu, und lässt sich spüren. Achte jedoch auch auf dich. Nicht nur du bist für ein gutes und wertschätzendes Gespräch zuständig, sondern auch dein Gegenüber. Stellt dein Match auch persönliche Fragen und beteiligt sich aktiv an der Unterhaltung und dem Kommunikationsfluss? Oder bist du die treibende Kraft und musst mit viel Mühe dafür sorgen, dass ein Gespräch zustande kommt? Die Wertschätzung und Aufmerksamkeit, die du deinem Gegenüber schenkst, solltest du auch zurückbekommen. Achte dabei auf ein ausgewogenes Verhältnis, und wenn du merkst, dass es dir mehr Kraft zieht als es dir gibt, dann verabschiede dich und löse das Match auf.

Learnings

- ✔ **Warum Schreiben vor dem Treffen sinnvoll ist:** Chatten hilft, erste Gemeinsamkeiten, Werte und Interessen zu entdecken, und gibt Einblicke in den Kommunikationsstil des Gegenübers. So kannst du abschätzen, ob eure Vorstellungen harmonieren
- ✔ **Kommunikationsstil erkennen:** Beim Schreiben wird sichtbar, ob die andere Person humorvoll, direkt oder eher schüchtern ist. Authentische Gespräche über Werte und Überzeugungen legen den Grundstein für eine mögliche Beziehung

- ✔ **Aufmerksamkeit und Interesse zeigen:** Achte auf Wertschätzung und echtes Interesse in der Kommunikation – etwa durch regelmäßige und gut überlegte Antworten sowie durch Fragen, die auf das Profil abgestimmt sind
- ✔ **Personalisierte Nachrichten:** Gehe in deinen Nachrichten auf Details im Profil ein, um Interesse zu signalisieren und das Gespräch lebendig zu halten
- ✔ **Gemeinsame Interessen betonen:** Sprecht über ähnliche Hobbys oder Vorlieben, um eine Basis für tiefere Gespräche und potenzielle Aktivitäten zu schaffen
- ✔ **Fragen stellen:** Offene Fragen fördern spannende Gespräche, vermeiden Oberflächlichkeiten und zeigen echtes Interesse. Sie helfen, Gemeinsamkeiten und das Potenzial für eine Verbindung zu entdecken
- ✔ **Wertschätzung spüren:** Achte darauf, dass auch dein Gegenüber sich aktiv beteiligt und du dich wertgeschätzt fühlst. Ein ausgewogenes Verhältnis ist entscheidend – merke, wenn es anstrengend wird, und verabschiede dich, falls das Gespräch nicht ausgeglichen verläuft

Welche Gesprächsthemen eigenen sich (nicht) beim Online-Dating?

Mit den vorangegangenen Tipps solltest du eine gute Grundlage haben, um eine ansprechende und spannende Unterhaltung zu führen. Durch das Fragen mit Bezug auf das Profil, findest du automatisch den Weg zu den Hobbys, dem Musikgeschmack oder auch den Dating-Absichten. Es gibt aber auch ein paar Tabuthemen, die du beherzigen solltest:

1. Ex-Partner:innen und vergangene Beziehungen

Gespräche über Ex-Partner:innen oder vergangene Beziehungen können heikle Themen sein, da sie oft unangenehme Erinnerungen oder negative Emotionen hervorrufen. Solche Themen können den Fokus vom aktuellen Kennenlernen ablenken und den Eindruck erwecken, dass die Person noch nicht bereit ist, die Vergangenheit hinter sich zu lassen. Es ist besser, sich auf die Gegenwart und die gemeinsame Zukunft zu konzentrieren, um eine positive Basis für die neue Beziehung zu schaffen. Auch die Frage nach den Ex-Beziehungen kann sehr aufdringlich wirken und als zu persönlich gewertet werden.

2. Kontroverse Themen (Politik, Religion)

Politische oder religiöse Diskussionen können schnell zu intensiven und hitzigen Debatten führen, besonders wenn die Ansichten stark auseinander gehen. Da beim Online-Dating häufig noch keine tiefe Vertrauensbasis besteht, könnten solche Themen die Atmosphäre belasten und potenziell zu Missverständnissen oder Konflikten führen. Es ist ratsam, diese Themen erst anzusprechen, wenn ihr euch persönlich sehen könnt, um Missverständnisse in einer Diskussion zu vermeiden.

3. Persönliche oder intime Fragen

Fragen, die zu persönlich oder intim sind, können beim Online-Dating leicht als aufdringlich oder unangemessen empfunden werden. In der frühen Phase des Kennenlernens geht es darum, eine komfortable und respektvolle Atmosphäre zu schaffen. Zu tiefgehende oder private Fragen könnten das Gegenüber verschrecken oder das Gefühl entstehen lassen, bedrängt zu werden. Es ist wichtig, die Privatsphäre der anderen Person zu respektieren und das Tempo des Kennenlernens den beiden Beteiligten anzupassen.

4. Finanzielle Angelegenheiten

Gespräche über Einkommen, Schulden oder finanzielle Probleme sind oft unangemessen, da sie das Gefühl von Urteilsvermögen oder sozialem Druck erzeugen können. Solche Fragen könnten das Gegenüber in Verlegenheit bringen oder den Eindruck erwecken, dass finanzielle Aspekte wichtiger sind als die persönliche Verbindung.

5. Schlechter Kommunikationsstil

Nicht nur der Inhalt zählt, sondern auch der Kommunikationsstil spielt eine wesentliche Rolle. Dazu gehören präzise Rechtschreibung und korrekte Grammatik, die nach Erkenntnissen der Plattform Parship von großer Bedeutung sein können. In der digitalen Kommunikation kann der erste Eindruck entscheidend sein, und sorgfältig formulierte Nachrichten hinterlassen einen bleibenden Eindruck. Laut einer Umfrage[17] legen beeindruckende 92 Prozent der Frauen großen Wert darauf, dass ihr potenzielles Gegenüber fehlerfreie Nachrichten verfasst. Dies unterstreicht, wie wichtig Klarheit und Sorgfalt in der schriftlichen Kommunikation für den Aufbau einer ernsthaften Verbindung sind. Männer teilen diese Ansicht ebenfalls, wenn auch mit etwas weniger Intensität: 76 von ihnen betrachten fehlerfreie Nachrichten als wichtig.

Es zeigt sich, dass jüngere Singles eine korrekte Zeichensetzung weniger priorisieren und trotzdem achten 76 Prozent der 18- bis 29-Jährigen darauf. Hingegen beharren ganze 87 Prozent der 60- bis 69-Jährigen auf makellose Grammatik, was die Bedeutung von klarer Kommunikation für die ältere Generation unterstreicht. Diese Zahlen zeigen, dass eine präzise Ausdrucksweise ein Zeichen von Respekt und Ernsthaftigkeit im zwischenmenschlichen Austausch ist und in vielen Fällen den Unterschied zwischen einem bleibenden Eindruck und einer verpassten Chance ausmachen kann.

Kritische Anmerkung

Kritisch anmerken möchte ich, dass wir nicht nur Vorteile durch das Schreiben erleben. Nonverbale Kommunikation durch Mimik, Gestik und der gesamten Körpersprache fehlt im Online-Dating komplett. In der Face-to-Face-Kommunikation spielt dies eine sehr große Rolle, um Missverständnisse zu vermeiden und Nähe aufzubauen. Zudem kann durch zu langes Schreiben eine Überinterpretation sowie der Aufbau einer überladenen Erwartung entstehen, die dann bei einem persönlichen Treffen nicht erfüllt werden.

Je länger wir miteinander schreiben, desto eher und konkreter, bauen wir uns ein Bild von unserem Match. Wir stellen uns vor, wie er oder sie spricht, lacht und mit uns oder in bestimmten Situationen interagiert. Und das, obwohl wir uns noch nie getroffen haben. Die Fallhöhe kann also tief sein, wenn unsere Erwartungen hoch sind und wir schon ein genaues Bild im Kopf haben.

Learnings

✔ **Bedeutung des Schreibens:**

- Schreiben hilft, die Kompatibilität mit der anderen Person herauszufinden
- Der Kommunikationsstil gibt Hinweise auf Humor, Ernsthaftigkeit, Direktheit oder Schüchternheit
- Tiefergehende Gespräche offenbaren Werte und Überzeugungen für langfristige Kompatibilität
- Gemeinsamkeiten im Schreibprozess helfen, Sympathie aufzubauen

✔ **Vorteile des Schreibens vor dem ersten Treffen:**

- Hobbys und Aktivitäten des Matches werden erkundet und mit den eigenen Erwartungen abgeglichen
- Praktischer Aspekte wie Wohnort und zeitliche Verfügbarkeit werden geklärt
- Absichten des Matches (z. B. langfristige Partnerschaft oder lockere Beziehung) werden deutlich
- Kommunikationsfähigkeit wird erkannt und Missverständnisse können minimiert werden

✔ **Kommunikationsfähigkeiten:**

- Klare und präzise Sprache nutzen
- Angemessener Einsatz von Fach- und Alltagssprache
- Strukturierte Präsentation von Gedanken und Ideen
- Verständliche und prägnante Formulierung
- Aufmerksamkeit und Interesse zeigen
- Verständnisfragen stellen und Empathie zeigen
- Perspektive und Emotionen des Gegenüber berücksichtigen

✔ **Tipps zur Kommunikation:**

- **Personalisierte Nachrichten:** Auf Details im Profil eingehen, um echtes Interesse zu zeigen
- **Regelmäßige Kommunikation:** Zeitnah und kontinuierlich antworten, ohne Double-Texting zu betreiben
- **Komplimente machen:** Ehrliche, spezifische Komplimente, die auf den Inhalt der Konversation eingehen

- **Gemeinsame Interessen betonen:** Gespräch über gemeinsame Interessen fördern
- **Fragen stellen:** Offene Fragen für tiefere Gespräche, um echtes Interesse zu zeigen und Missverständnisse zu vermeiden

✔ **Wertschätzung und Ausgewogenheit:**

- Achte darauf, dass du dich im Gespräch wohl und wertgeschätzt fühlst
- Sorge für ein ausgewogenes Verhältnis in der Kommunikation
- Ziehe Konsequenzen, wenn der Austausch mehr Kraft kostet als er gibt

✔ **Geeignete Gesprächsthemen:**

- Fragen mit Bezug auf das Profil führen zu interessanten Themen, wie Hobbys und Musikgeschmack
- Tabuthemen wie Ex-Partner:innen und kontroverse Themen (Politik, Religion) vermeiden

✔ **Kritische Anmerkungen:**

- Nonverbale Kommunikation fehlt beim Online-Dating und kann zu Missverständnissen führen
- Langes Schreiben kann zu Überinterpretationen und hohen Erwartungen führen, die beim persönlichen Treffen enttäuscht werden könnten

Sprachnachrichten

Dating-Apps bieten teilweise die Möglichkeit Sprachaufnahmen zu machen. Für die einen sind Sprachnachrichten das Mittel schlechthin, um nebenbei schnell und einfach viele Informationen zu versenden, für andere sind sie ein Graus. Eine Analyse von Bumble[18] hat ergeben, dass 75 Prozent der befragten Personen die Stimme als starken Indikator dafür sehen, ob die Chemie stimmt. Wenn es gut läuft, hören wir die Stimme schließlich sehr oft und für eine lange Zeit. Auf die Umfrage hat Bumble übrigens reagiert und Audiofragen in die Profile direkt integriert. So können vorgegebene Fragen mit einer 30-sekündigen Sprachaufzeichnung beantwortet und im Profil hinterlegt werden. Die Stimme dient hier als weitere Informationsquelle, und jede weitere Information dient uns als Abgleich, ob die andere Person zu uns passen könnte. Der Vorteil von Sprachnachrichten ist also, dass wir ein weiteres Puzzlestück haben, um unser Bild Stück für Stück zu vervollständigen.

Ich habe mich immer über Sprachnachrichten gefreut, da mir persönlich die Stimme sehr wichtig ist. Es gibt aber auch genug Gründe, Sprachnachrichten nicht zu mögen und das sollten wir nicht nur respektieren, sondern vorab beim jeweiligen Match erfragen.

Wechseln wir zu WhatsApp?

Nach einer gewissen Zeit in der Online-Dating-App ergibt sich irgendwann die Frage, ob man auf dieser Plattform bleibt oder zu einem Messenger wie WhatsApp wechselt. Der Wechsel kann sich etwas näher und intimer anfühlen. In unserem Messenger kommunizieren wir mit unseren engsten Vertrauten, besprechen Geheimnisse und senden uns Fotos von der letzten Party, die auf jeden Fall nie jemand sehen darf. Oft schreibt es sich auch schneller und einfacher, da Dating-Apps nicht so flexibel sind und auch nicht alle Möglichkeiten eines Messengers bieten.

Solltet ihr euch dazu entscheiden, zu einem Messenger zu wechseln, solltest du auf die Schreibfrequenz deines Gegenübers achten. Auch hier ist das Double-Texten absolutes No-Go. Warte die Antwort deines Matches ab. Du selbst solltest darauf achten, dass du das Antworten nicht auf die lange Bank schiebst, sondern in einem angemessenen Zeitraum reagierst. Auch bei WhatsApp gilt, dass sich beide wohlfühlen sollen, daher lege stets Wert auf eine angemessene und respektvolle Kommunikationsweise.

Doch wann ist nun der beste Zeitpunkt für ein erstes Date? So schnell wie möglich oder doch lieber nach etwas mehr Zeit? Die Wissenschaft[19] hat eine klare Antwort darauf, die auch mich überrascht hat. Zwischen 17 und 21 Tagen sollten wir uns Zeit zum Schreiben und Telefonieren nehmen. In diesem Zeitraum entwickeln wir eine hyperpersönliche Dimension, die zum Kennenlernen nützlich sein kann.

Ich hatte einige Dates, mit denen ich ganze Romane und Podcasts ausgetauscht habe, noch bevor wir uns trafen. In einigen Fällen fühlte sich das erste Date tatsächlich so an, als würden wir uns schon ewig kennen. Wir hatten vorab schon über sehr persönliche Themen gesprochen und wussten das ein oder andere Geheimnis übereinander, welches man bei einem Face-to-Face-Date sehr wahrscheinlich nicht preisgegeben hätte. Dass wir dies aber trotzdem machen und uns der anderen Person schon näher fühlen als es eigentlich normal wäre, ist ein Effekt der hyperpersönlichen Dimension. Die Theorie dazu wurde von Joseph Walter[20] entwickelt und besagt, dass Online-Kommunikation unter bestimmten Bedingungen dazu führen kann, dass Menschen ein idealisiertes und intensiveres Bild voneinander entwickeln, als beispielsweise bei einem Kennenlernen in einer Bar.

Durch die selektive Selbstpräsentation haben wir die Möglichkeit, selbst auszuwählen, welche Informationen wir teilen. Damit können wir ein Stück weit steuern, wie wir bei unserem Match ankommen. Die asynchrone Kommunikation ermöglicht es uns, die Nachrichten vor Versand zu bearbeiten und zu überdenken.

Die gründlichen Interaktionen erhöhen die emotionale Intensität. Die übermäßige Attribution von Gemeinsamkeiten kann zu einem Gefühl starker Übereinstimmung und Verbindung führen. Sie minimiert bewusst die Unterschiede und übertreibt oft bei den Übereinstimmungen. Bestätigt nun unser Gegenüber die idealisierte Darstellung, ist dies eine sich selbst verstärkende Schleife und führt wieder zu einer intensiveren emotionalen Bindung. Wir tauschen insgesamt mehr Informationen miteinander aus und sprechen über intimere und persönliche Details aus unserem Leben, als wir es bei einem Face-to-Face-Kennenlernen je tun würden.

Ob 17 bis 21 Tage warten nun aber richtig für dich und dein Match sind, das müsst ihr zusammen entscheiden. Ich selbst empfinde den Zeitraum als zu lang und finde ein Treffen innerhalb von zehn Tagen sinnvoller. Es ist jedoch wichtig, dass der Zeitraum sich für beide gut anfühlt und von keiner Seite auf ein schnelles Treffen gedrängt wird.

Learnings

Sprachnachrichten

✔ **Vorteile von Sprachnachrichten:**

- Effektive und schnelle Informationsübermittlung
- Stimme als wichtiger Indikator für die Chemie zwischen Personen
- Bumble hat Audiofragen in Profile integriert, um die Stimme als Informationsquelle zu nutzen

✔ **Wichtigkeit der Stimme:**

- Stimme kann ein zusätzliches Puzzlestück im Bild einer Person sein
- Einige Menschen legen großen Wert auf die Stimme, während andere Sprachnachrichten ablehnen
- Vor dem Versenden von Sprachnachrichten sollte man klären, ob das für das Gegenüber in Ordnung ist

Wechsel zu WhatsApp

✔ **Wann zu einem Messenger wechseln?**

- Wechsel zu einem Messenger wie WhatsApp kann sich intimer anfühlen
- WhatsApp bietet mehr Flexibilität und Funktionen als Dating-Apps
- Achte auf die Schreibfrequenz des Gegenübers und vermeide doppelte Nachrichten (Double-Texten)
- Antworten sollten nicht zu lange hinausgezögert werden

✔ **Angemessene Kommunikationsweise:**

- Angemessene und respektvolle Kommunikation ist auch bei WhatsApp wichtig
- Beide Parteien sollten sich wohlfühlen

Bestes Timing für das erste Date

✔ **Optimales Timing:**

- Laut Wissenschaft liegt der optimale Zeitraum zwischen 17-21 Tagen für das erste Date
- Dieser Zeitraum ermöglicht die Entwicklung einer hyperpersönlichen Dimension

✔ **Hyperpersönliche Dimension:**

- Theorie von Joseph Walter: Online-Kommunikation kann idealisierte und intensivere Bilder von Personen erzeugen
- Selektive Selbstpräsentation ermöglicht es, zu entscheiden, welche Informationen geteilt werden
- Asynchrone Kommunikation erlaubt Bearbeitung und Überdenken von Nachrichten
- Gründliche Interaktionen erhöhen die emotionale Intensität und führen zu intensiveren Bindungen

✔ **Entscheidung für das richtige Timing:**

- Die Entscheidung über den Zeitpunkt eines Treffens sollte gemeinsam getroffen werden
- Der Zeitraum sollte sich für beide gut anfühlen
- Druck auf ein schnelles Treffen vermeiden

Interview mit Lena Elea Hopf

Beruf: Influencerin, Sozialpädagogin

Was bedeutet für dich Dating auf Augenhöhe?

Dating auf Augenhöhe bedeutet für mich Respekt und Sicherheit in der Beziehung. Es geht darum, dass man sich nicht ständig Sorgen machen muss, wie lange man auf eine Antwort warten sollte oder ob man zu verzweifelt wirkt. Wenn man sich ständig fragt, ob man etwas falsch gemacht hat oder ob die andere Person vielleicht noch andere gleichzeitig datet, entsteht ein Machtgefälle, das keine Augenhöhe zulässt.

In meiner jetzigen Beziehung erlebe ich das Gegenteil: Ich fühle mich sicher, weil ich weiß, dass mein Partner immer antworten wird und sein Interesse aufrichtig ist. Diese Sicherheit und das gegenseitige Vertrauen sind für mich der Schlüssel zu einer Beziehung auf Augenhöhe.

Welche Verhaltensweisen während des Dates lassen dich wissen, dass ein Mann dich respektiert und wertschätzt?

Für mich zeigt ein Mann Respekt und Wertschätzung während eines Dates, wenn er mich ausreden lässt und ein echtes Gespräch mit gegenseitigem Interesse führt. Es geht darum, dass beide Seiten gleichermaßen erzählen und nachfragen. Wenn mein Gegenüber nur von sich spricht, ohne nach meinen Gedanken oder meinem Leben zu fragen, fühle ich mich nicht wertgeschätzt. Ein Mann, der sich wirklich für mich interessiert und nicht nur über sich selbst redet, vermittelt mir das Gefühl, respektiert und wertgeschätzt zu werden.

Welche Informationen auf einem Dating-Profil sind für dich entscheidend, ihn zu matchen?

Für mich sind persönliche Informationen auf einem Profil entscheidend, um jemanden zu matchen. Dazu gehören Angaben zu Hobbys, Beruf, Lieblingsbüchern oder Musik. Diese Details helfen mir, die Person besser einzuschätzen. Wenn solche Informationen fehlen und das Profil nur oberflächliche Angaben enthält, würde ich wahrscheinlich nicht matchen.

Was sind die größten Fehler, die Männer auf ihrem Dating-Profil machen?

Die größten Fehler, die Männer auf ihrem Dating-Profil machen, sind das Fehlen persönlicher Informationen und die Verwendung von Gruppenbildern, bei denen unklar ist, wer sie sind. Auch Fotos mit anderen Frauen, selbst wenn es sich um Schwestern handelt, können verwirrend wirken und zu Missverständnissen führen. Solche Profile hinterlassen bei mir keinen guten Eindruck, und ich würde sie eher nicht matchen.

Welche Art von Nachrichten empfindest du als respektvoll, welche als unangemessen, wenn du angeschrieben wirst?

Respektvolle Nachrichten sind höflich und zeigen echtes Interesse, indem sie auf Gemeinsamkeiten eingehen und höfliche Formulierungen verwenden, wie z. B.: „Hey, ich habe gesehen, dass wir ähnliche Interessen haben. Wie wäre es, wenn wir uns auf einen Kaffee treffen?“ Solche Nachrichten wirken durchdacht und aufmerksam. Unangemessen sind dagegen Nachrichten wie: „Hast du Bock?“, oder solche, die sich nur auf das Äußere beziehen. Besonders störend ist es, wenn grundlegende Höflichkeitsformen wie „Hallo“ oder „Tschüss“ fehlen.

Mehr Antworten von Lena Elea liest du hier:

Story Time mit Aileen

Beruf: Fashionbloggerin

Am Anfang wusste ich nicht genau, ob es ein Date war, da wir uns schon von früher aus der Schule kannten. Wir hatten eine Weile keinen Kontakt, bis er mir nach langer Zeit wieder schrieb. Da wir uns früher gut verstanden hatten, bin ich das Treffen recht entspannt angegangen. Es war schön, wir haben viel geredet und Musik gehört. Für mich war die Atmosphäre entspannt und freundschaftlich – es gab keinerlei Anzeichen dafür, dass mehr passieren könnte. Körperliche Annäherung gab es auch nicht.

Später am Abend, während wir auf unsere Essenslieferung warteten, nahm das Gespräch von seiner Seite plötzlich eine andere Wendung. Er begann, über Sexualität zu sprechen. Für mich ist das grundsätzlich kein Tabuthema, aber ich finde es nicht unbedingt notwendig, beim ersten Treffen darüber zu sprechen. Er erzählte, dass er auf sexy Dessous stehe, und als ich kurz auf der Toilette war, holte er plötzlich genau solche Dessous hervor, die er mir dann zum Anprobieren anbot. Das war insofern seltsam, als ich zuvor erwähnt hatte, dass ich mal ein ähnliches Dessous in einem Online-Shop bestellt hatte, in dem ich mich allerdings überhaupt nicht wohlgefühlt hatte.

Er meinte, ich solle es trotzdem mal ausprobieren, um zu sehen, ob ich meine Meinung ändere. Zu dem Zeitpunkt fühlte sich die Situation für mich noch nicht direkt sexuell an, eher wie ein „Probier's doch mal, vielleicht gefällt's dir ja". Doch ich wollte das Thema erstmal vertagen und sagte ihm, wir könnten nach dem Essen weiter reden. Kurz darauf wurde er allerdings körperlich aufdringlich, obwohl das Essen noch nicht einmal da war. Ich war zunehmend überfordert und versuchte, seine Annäherungen abzuwehren, was er aber nicht wirklich verstand. Schließlich ging ich eine rauchen, um der Situation zu entfliehen, und als ich zurückkam, lag plötzlich eine Leine auf dem Sofa. Er schlug vor, dass wir vielleicht das ausprobieren könnten, wenn ich die Dessous nicht anziehen wolle.

In dem Moment gingen bei mir alle Alarmglocken los. Nicht, dass ich etwas gegen solche Vorlieben habe, aber ich war eindeutig nicht bereit, so etwas auszuprobieren, und hatte das Gefühl, dass ich das bei den Dessous schon signalisiert hatte. Schließlich bin ich einfach gegangen.

Er hat sich danach erstmal nicht gemeldet, und als er es später doch tat, haben wir diese ganze Situation nicht mehr angesprochen. Mir war es einfach unangenehm und ich wusste nicht, wie ich das Thema ansprechen sollte. Ich habe dann versucht, den Kontakt auslaufen zu lassen, weil ich das Gefühl hatte, er hat gar nicht verstanden, warum ich gegangen bin.

Was mich an der ganzen Sache besonders beschäftigt, ist, dass ich ähnliche Situationen leider schon öfter erlebt habe – sowohl beim Dating als auch im Alltag. Männer interpretieren Höflichkeit oft als Einladung oder falsches Signal, was dann zu Missverständnissen führt. In solchen Momenten fehlt mir oft die Energie, alles zu erklären, weshalb ich den Kontakt dann oft einfach abbreche.

Interview mit Kristy von Kashyyyk

Job: Influencerin, Tattoomodel, OnlyFans-Creatorin

Wie beeinflusst deine Arbeit als Model und auf OnlyFans dein persönliches Dating-Leben? Gibt es spezielle Herausforderungen, die dadurch entstehen, und falls ja, wie gehst du damit um?

Dadurch, dass ich auf Social Media schon etwas mehr Reichweite habe, kennen mich viele Leute. Manchmal habe ich das Gefühl, dass mich Menschen nur daten wollen, weil sie mich von Instagram oder Facebook kennen und „Influencer daten" oder „ein Mal Kristy von Kashyyyk vögeln" von ihrer To-Do-Liste streichen wollen. Meiner Meinung nach ist es sehr schwer, jemanden zu finden, der WIRKLICH Interesse an mir als Person hat – nicht nur wegen meinem Social-Media-Bekanntheitsgrad. Dasselbe lässt sich natürlich auf OnlyFans und professionelles Tattoomodel ummünzen.

Dein öffentliches Image ist sehr freizügig und selbstbewusst. Wie offen gehst du mit deinem Job als Tattoomodel auf Dating-Apps um?

Die eine Person ist Elektriker:in, die andere Bäcker:in und ich verdiene als Tattoomodel meine Brötchen. Für mich ist da kein Unterschied. Ich gehe damit sehr offen um. Männer, die damit ein Problem haben, sortiere ich sowieso im Vorhinein schon aus. Modeln ist ein fester Bestandteil meines Lebens, welchen ich für keinen Menschen auf dieser Welt aufgeben möchte.

Wie definierst du für dich persönlich Dating auf Augenhöhe?

Dating auf Augenhöhe bedeutet für mich: Mich auf den anderen einlassen, ohne ihn in eine Schublade zu packen. Echtes Interesse an der Person, Offenheit und Ehrlichkeit gehören für mich ebenso dazu.

Wie wichtig ist dir Authentizität beim Dating, insbesondere wenn Männer wissen, dass du auf Plattformen wie Instagram und OnlyFans aktiv bist? Wie kannst du erkennen, ob jemand echtes Interesse an dir als Person hat und nicht nur an deinem öffentlichen Image?

Das kristallisiert sich meistens sehr schnell im Gespräch heraus. Männer, die sich nur auf Oberflächlichkeiten konzentrieren und mir nur Komplimente über mein Äußeres machen, wollen, wie oben bereits beschrieben, oft nur mal „kurz drüber". Wenn das für beide Seiten okay ist, dann ist da natürlich gar nichts einzuwenden. Ich bin in einer Partnerschaft tatsächlich sehr monogam – trotz OnlyFans. One-Night-Stands sind nicht mein Ding. Für mich ist es daher bei einer Konversation während eines Dates sehr wichtig, dass die Person nach meinen persönlichen Interessen fragt: „Wie verbringst du gerne deine freie Zeit? Wo blühst du am meisten auf? Wo kannst du am besten abschalten? Bei welcher Aktivität kommst du in deinen Flow?" Das sind Fragen, die mir zeigen, dass mein Gegenüber WIRKLICH wissen will, WER ich bin und nicht nur an meiner Social-Media-Persönlichkeit interessiert ist.

Mehr Antworten von Kristy liest du hier:

Story Time mit "Laura"

Möchte anonym bleiben

Ich hatte mit einem Mann geschrieben, der alleinerziehend war. Sein Kind, meinte er, sei alt genug, um abends allein zu Hause zu bleiben - es war zehn. Das fand ich schon irgendwie merkwürdig, aber ich dachte mir, okay, warum nicht? Wir haben uns dann recht spontan für Samstag verabredet. Er kam aus Schenefeld und nahm den Bus zu mir nach Ottensen. Die Idee war, einfach entspannt etwas trinken zu gehen.

Er war Franzose, und unsere Unterhaltung war ein Mix aus Englisch, Deutsch und Französisch, weil sein Deutsch nicht so gut war, obwohl er schon länger hier lebte. Anfangs war alles ganz okay, aber ich hatte schnell das Gefühl, dass er irgendwie „drauf" war. Er wirkte hektisch, laut und ein bisschen überdreht, als hätte er irgendwas genommen. Trotzdem haben wir uns unterhalten, sind durch Ottensen gezogen und schließlich in eine Bar gegangen.

Es war dort ziemlich voll, also entschieden wir uns, nach Altona zu laufen. Unterwegs verpassten wir seinen Bus, also liefen wir wieder zurück nach Ottensen. Es war alles ganz normal - zumindest bis wir an der Bushaltestelle standen und auf den nächsten Bus warteten.

Dort passierte es dann: Plötzlich fing er an, mich anzufassen und wollte mich küssen. Vorher hatte er schon gefragt, ob ich ihm zeigen könnte, wo ich wohne. Ich habe ihm ganz klar gesagt, dass ich das nicht möchte - schließlich war es unser erstes Treffen, und ich fand, dass der Abend so, wie er war, völlig ausreichte. Daraufhin meinte er nur: „Ihr Deutschen mit euren Regeln!" Das hat mich richtig geärgert. Ich habe ihm gesagt, dass es nicht um „uns Deutsche" gehe, sondern um *meine* Regeln – und dass ich entscheide, was ich will und was nicht.

Aber er hat nicht aufgehört. Er fasste mich an, auch am Hintern, und ich habe noch deutlicher gesagt, dass ich das nicht möchte. Trotzdem hielt er mich fest und küsste mich einfach. Ich war wie erstarrt und sagte ihm, dass das jetzt wirklich genug sei. Zum Glück kam genau in dem Moment der Bus. Doch anstatt einfach einzusteigen, fing er an, mich zu provozieren: „Du willst wirklich, dass ich jetzt in den Bus steige?" Ich sagte: „Ja, ich will, dass du einsteigst." Widerwillig stieg er ein, rief mir aus dem Bus noch etwas auf Französisch zu, und dann war er weg.

Als ich schließlich zu Hause war, fühlte ich mich total unwohl. Es war das erste Mal, dass ich so etwas erlebt hatte – dass jemand meine Grenzen so offensichtlich missachtet hatte. Ich war wütend, schockiert und fühlte mich auch ein bisschen machtlos, weil er so groß war und ich mich in dem Moment einfach nicht wehren konnte.

Am nächsten Tag habe ich ihm geschrieben. Ich wollte ihn nicht ghosten, sondern ihm klar sagen, wie ich mich in der Situation gefühlt hatte. Ich schrieb, dass ich das Treffen anfangs nett fand, aber dass er am Ende meine Grenzen überschritten und ich mich dadurch total unwohl gefühlt hatte. Seine Antwort war seltsam. Er schrieb nur, dass er auch niemanden ghosten würde, nannte mich eine „wundervolle Frau" und wünschte mir alles Gute.

Ich weiß nicht, ob er nicht verstanden hat, was ich ihm gesagt habe, oder ob er sich einfach nicht mehr an sein Verhalten erinnern konnte. Es war jedenfalls eine Erfahrung, die ich so schnell nicht vergessen werde – leider im negativen Sinne.

8. KAPITEL

Das erste Date

Im Film „La La Land“ gibt es eine Szene, die das perfekte Date in all seiner Magie und Pracht einfängt. Es ist ein Moment, der so schön ist, dass er wie aus einem Traum zu stammen scheint, und für Mia und Sebastian, die beiden Protagonisten, geht es um mehr als nur einen flüchtigen Abend – es geht um die Hoffnung auf eine Liebe, die alles verändern kann. Nach einem bezaubernden Kinobesuch beschließen Mia und Sebastian, das Griffith Observatory in Los Angeles zu besuchen. Die Nacht ist klar und die Luft frisch, während die Lichter der Stadt wie Sterne unter ihnen funkeln. Diese atemberaubende Kulisse bildet den perfekten Rahmen für ein Date, das schöner nicht sein könnte.

Im Observatorium betreten sie das Planetarium, eine Welt für sich, wo der Nachthimmel in seiner ganzen Pracht über ihnen leuchtet. Die sanften Klänge eindrucksvoller Musik füllen den Raum, und die Atmosphäre ist von einer romantischen Spannung durchdrungen, die jede Sekunde dieses Abends kostbar macht. Plötzlich scheinen die Gesetze der Physik keine Bedeutung mehr zu haben, und Mia und Sebastian beginnen, in der Schwerelosigkeit des Moments zu schweben. Diese magische Erfahrung lässt den Raum verschwinden, und es bleibt nur noch das Gefühl, dass dies ein Abend ist, an den sie sich ein Leben lang erinnern werden. Gemeinsam tanzen sie unter den Sternen, ihre Bewegungen sind elegant und perfekt aufeinander abgestimmt. Mia, in einem leuchtend gelben Kleid, strahlt vor Lebensfreude und Schönheit, während Sebastian in seinem stilvollen Anzug eine klassische Eleganz verkörpert. Ihre Kleidung ergänzt sich perfekt und betont die Harmonie zwischen ihnen.

Dieser Tanz ist nicht nur eine Darstellung ihrer aufkeimenden Liebe, sondern eine Hommage an die großen Liebesgeschichten des Kinos. Es ist ein Ausdruck der Sehnsucht und der Hoffnung, dass dieser Moment der Beginn von etwas Außergewöhnlichem ist. Die Musik, die Choreografie und die spektakuläre Umgebung verschmelzen zu einem unvergesslichen Höhepunkt, der die Zuschauer:innen in ihren Bann zieht. Als Mia und Sebastian zur Realität zurückkehren, bleibt der Zauber des Moments spürbar. Dieses perfekte Date endet mit einem Gefühl von Hoffnung und Romantik, das die tiefere Verbindung zwischen Mia und Sebastian unterstreicht. Für sie geht es um mehr als nur einen schönen Abend – es ist ein Versprechen auf eine gemeinsame Zukunft, in der sie alle Hindernisse überwinden können.

In „La La Land" wird das perfekte Date in all seiner Schönheit und emotionalen Tiefe eingefangen, und gezeigt, wie Liebe und Träume sich in einem einzigen, unvergesslichen Moment vereinen können. Es ist ein Date, das für Mia und Sebastian alles verändert – ein Date, das nicht schöner sein könnte.

Ich hatte schon viele erste Dates, aber ehrlich gesagt, keines war auch nur annähernd so wie das von Mia und Sebastian. Muss das denn der Anspruch sein? Laut einer Umfrage von Match.com ziehen es die meisten vor, das erste Date in einer ungezwungenen Location wie einer Bar oder einem Cafe zu haben. ElitePartner[21] hat hier eine etwas genauere Analyse erstellt, nach der 73,3 Prozent der befragten Personen gern einen Kaffee trinken möchten, 72,1 Prozent Essen gehen und 67,4 Prozent einen Spaziergang vorziehen. Kino (12,9 Prozent), Theater (6 Prozent) und zu Hause treffen (5,4 Prozent) landen auf den letzten Plätzen. Du kannst also ganz beruhigt sein, niemand hat den Anspruch, ein Date zu haben, wie es in „La La Land" dargestellt wurde.

Realistische Ziele

Warum ist es wichtig, sich für das erste Date ein oder mehrere Ziele zu setzen? Mit klaren Zielen hast du einen roten Faden, an dem du dich entlang hangeln kannst, während ihr euch kennenlernt. Wie in den vorangegangenen Kapiteln bereits angesprochen, hilft es, wenn du weißt, wonach du suchst. Denn genau daran knüpfst du beim ersten Date an und kannst durch gezielte Fragen herausfinden, ob dein Date und du ein gutes Match sein könntet.

Dabei geht es aber nicht darum, dir vorzunehmen, dein Date heute zu küssen oder Ähnliches. Die Ziele sollten eher ein paar Fragen umfassen, die für dich wichtig sind und deren Antworten dir helfen können, ein Gefühl für euer Potenzial zu bekommen.

Was könnten geeignete Ziele sein?

Hier gibt es kein „richtig" oder „falsch" – deine Ziele sollten zu dir passen und dir Orientierung bieten, aber trotzdem Raum für spontane Momente lassen. Ein paar Beispiele:

- Schauen, ob die Chemie stimmt
- Möchte er/sie Kinder?
- Wie stellt er/sie sich das spätere Leben vor?
  Wo möchte er/sie leben?
- Welche Gemeinsamkeiten haben wir?
- Haben wir den gleichen Humor?
- Mag ich seine/ihre Art?
- Finde ich ihn/sie körperlich anziehend?
- Können wir uns gut unterhalten?
- Ist ein weiteres Kennenlernen sinnvoll?

Balance zwischen Struktur und Spontaneität

Bedenke, dass du wahrscheinlich nicht alle diese Fragen direkt beim ersten Date klären kannst – und das ist völlig okay! Das Gespräch sollte natürlich und fließend sein. Deine Ziele geben dir Orientierung, aber bleibe offen für die Dynamik zwischen euch und lass euch die Freiheit, auch mal vom roten Faden abzuweichen, wenn sich das richtig anfühlt.

Ziele für beide Seiten

Erinnere dich daran, dass das erste Date kein Verhör ist. Dein Gegenüber hat sicher ebenfalls Erwartungen und Ziele. Ein respektvoller Austausch entsteht dann, wenn beide Seiten mit Offenheit und Neugier ins Gespräch gehen und sich darauf einlassen, den Anderen wirklich kennenzulernen.

Fragen charmant und indirekt stellen

Manchmal ist es passender, Fragen indirekt zu stellen. So wirkt das Gespräch natürlicher und es fällt deinem Date vielleicht leichter, zu antworten. Statt direkt zu fragen, ob er/sie Kinder will, kannst du zum Beispiel ein lockeres Gespräch über Familie beginnen und schauen, wie er oder sie darauf reagiert. Es ist okay, wenn manche Fragen unbeantwortet bleiben – gib deinem Date Raum und respektiere, wenn das Thema für den Moment zu privat ist. Dasselbe gilt natürlich auch für dich: Es ist völlig in Ordnung, bestimmte Fragen oder Themen noch nicht anzusprechen, wenn du dich damit unwohl fühlst.

Reflexion am Ende des Dates

Am Ende des Dates kann es hilfreich sein, für dich kurz zu reflektieren: Hast du ein Gefühl dafür bekommen, ob eure Ziele und Vorstellungen zusammenpassen? War es hilfreich, mit einem Ziel in das Gespräch zu gehen, oder fühlte es sich eher wie eine Checkliste an? Je nach Verlauf kannst du entscheiden, ob es sinnvoll ist, beim nächsten Mal offener an die Sache heranzugehen.

Atmosphäre schaffen

Denke daran, dass diese Zielsetzung vor allem eines im Blick haben soll: Ein Date auf Augenhöhe und in einer entspannten Atmosphäre zu führen. Das Kennenlernen sollte sich für beide gut und respektvoll anfühlen, ganz ohne Druck. Du bist hier, um eine Verbindung aufzubauen und zu schauen, ob ihr auf derselben Wellenlänge seid. Dabei helfen dir diese Ziele – aber am wichtigsten ist, dass ihr euch wohlfühlt und den Moment genießt.

Vorbereitung

Wie sieht die optimale Vorbereitung auf ein Date aus? Als Erstes: Nimm es locker! Es ist ein Date, keine mündliche Prüfung in Mathe. Ein Date sollte vor allem Spaß machen und euch beiden gefallen. Bist du aufgeregt? Keine Sorge – das ist dein Gegenüber bestimmt auch. Um diese Aufregung etwas zu mildern, bietet es sich an, dich ein wenig vorzubereiten.

Überfliege kurz vor dem Date nochmal euren Chatverlauf und filtere Themen, die euch schon beim Schreiben verbunden haben. So hast du gleich ein paar Anknüpfungspunkte, falls das Gespräch ins Stocken gerät. Ein kurzer Blick aufs Profil ist auch nicht verkehrt – das hilft, ein klareres Bild von deinem Date zu haben und peinliche Überraschungen zu vermeiden.

Außerdem kann es gut tun, kurz innezuhalten und dir bewusst zu machen: „Ich möchte Spaß haben und die Person kennenlernen, ohne Druck." Wenn du diese lockere Einstellung im Hinterkopf hast, kann das Date entspannt und natürlich verlaufen – und du kannst dich mehr auf den Moment einlassen. Habt ihr im Chat schon geklärt, wo und wann ihr euch trefft? Falls der Treffpunkt besonders belebt ist, wie etwa eine Bahnstation oder eine Einkaufspassage, wäre es praktisch, ein Erkennungsmerkmal auszumachen. Du musst nicht direkt fragen, was dein Date anhat – das könnte missverstanden werden. Und keine Sorge, eine rote Rose im Haar oder eine Schachtel Pralinen sind nicht nötig. Schreib deinem Date lieber eine kurze Nachricht, woran du erkennbar bist, zum Beispiel: „Ich trage eine blaue Jacke und eine rote Mütze." Auch die Wahl des Outfits kann dir helfen, sicherer aufzutreten: Zieh etwas an, in dem du dich wohlfühlst und das zu dir passt. Es muss nichts Neues oder besonders Auffälliges sein – Hauptsache, du fühlst dich darin gut und authentisch. Ein natürlicher, entspannter Look macht oft den besten Eindruck.

Zum Thema Sicherheit: Gerade beim ersten Treffen ist es immer gut, sich an einem öffentlichen Ort zu verabreden und vielleicht kurz einer Freundin oder einem Freund Bescheid zu geben, wo du hingehen wirst. Das schafft ein sicheres Gefühl und gibt dir mehr Freiheit, das Date unbeschwert zu genießen. Und falls du dir ein paar Fragen als Anknüpfungspunkte überlegen möchtest – perfekt! Ideen dazu findest du im vorherigen Kapitel, wo wir uns bereits mit sinnvollen Zielen und möglichen Themen beschäftigt haben.

Nervosität in den Griff bekommen

Die Hände schwitzen, der Puls rast, du bist vielleicht in einem Gedankenkarussell gefangen und die Aufregung steigt? Sei unbesorgt, das ist etwas ganz Normales. Nervosität hat biologische, psychologische und eine soziale Basis. Aufregung ist immer normal, wenn wir auf etwas stoßen, das uns fremd ist. Einer der größten Treiber unserer Nervosität ist die Angst vor Ablehnung. Schließlich möchte jede:r von uns gemocht und akzeptiert werden. Die Unsicherheit, wie das Gegenüber uns bewerten wird, erhöht unsere Anspannung enorm. Des Weiteren ist es gut möglich, dass du dir zu viel Druck machst. Perfektionismus geht Hand in Hand mit Erwartungen. Du erwartest von dir selbst, ein gutes Bild abzugeben, willst dich von deiner besten Seite zeigen und bloß keine Fehler machen. Oft ist diese Anstrengung jedoch kontraproduktiv und stresst uns mehr, als dass sie motiviert. Und dann kommt noch der Kontrollverlust dazu und setzt dem Ganzen die Krone auf. Du hast das Date nicht in der Hand, kannst nicht steuern wie es wird, kannst nur bedingt beeinflussen, ob dein Gegenüber dich mag, und auch den Verlauf des Dates kann niemand vorherbestimmen. Du siehst, es gibt einige Faktoren, die zur Anspannung beitragen. Die gute Nachricht: Es gibt einige Tipps, wie wir die Situation verbessern können.

Mach dir klar, dass alle Menschen Nervosität spüren und auch dein Date wahrscheinlich gerade angespannt ist. Die Lösung liegt im Umgang mit diesem Gefühl. In der Psychotherapie geht man von einem Zusammenspiel von Gedanken, Verhalten und Gefühlen aus – diese bilden ein Dreieck.

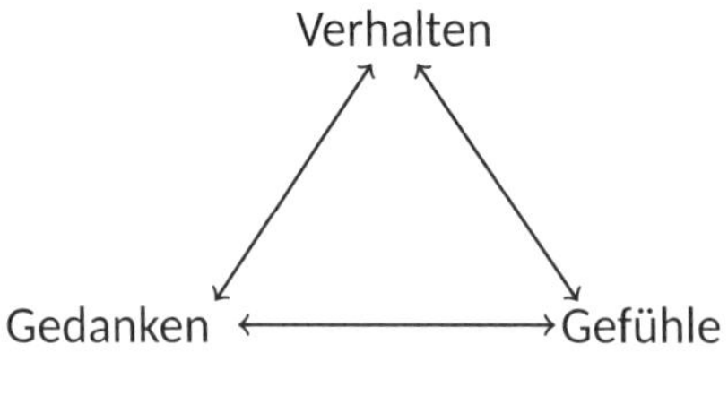

Wir sind nicht in der Lage, auf unsere Gefühle unmittelbar Einfluss zu nehmen. Gefühle kommen und gehen, sie sind da, wenn wir sie brauchen, aber nicht zwingend, wenn wir sie wollen. Die Verhaltenstherapie geht jedoch davon aus, dass wir unsere Gefühle verändern können, indem wir unsere Gedanken und/oder unser Verhalten ändern. Anstatt also dich weiter und weiter damit zu beschäftigen, was vielleicht bei diesem Date passieren könnte oder was dein Gegenüber wohl über dich denken wird, mach dir bewusst, dass du das alles nur zum Teil beeinflussen kannst. Du kannst versuchen, die beste Version von dir selbst zu sein, aber mehr nicht. Wer dich nicht mag oder akzeptiert, wie du bist, ist nicht die richtige Person für dein zukünftiges Leben.

Mach dich frei von dem Wunsch nach einem perfekten Date. Es soll Spaß machen und sich gut anfühlen und wenn ihr beide dieses Gefühl habt, wird es für euch und auf eure Weise perfekt sein. Des Weiteren versuche deine Gedanken im Hier und Jetzt zu halten. Das Ausmalen von verschiedenen Szenarien, wie dein Date ablaufen könnte, holt dich aus der Achtsamkeit und sorgt für Kopfkino.

Das Problem dabei: Unser Gehirn kann nicht zwischen Fantasie und Realität unterscheiden. Durchläufst du also in Gedanken mögliche Schreckensszenarien, so reagiert dein Körper mit der Ausschüttung der jeweiligen Stresshormonen. Das Ergebnis spürst du, indem du noch nervöser wirst und durch weitere Gedankenspiele versuchst du dann, dir die Kontrolle wiederzuholen. Ein Teufelskreis, aus dem du nur ausbrechen kannst, wenn du deine Gedanken steuerst und dich in den jetzigen Moment holst, in das Hier und Jetzt – das nennt man Achtsamkeit.

Eine der bekanntesten Achtsamkeitsmethoden ist die sogenannte 5-4-3-2-1-Methode:

- *5 Dinge, die du siehst. Schau dich um und benenne (laut oder in Gedanken) fünf Dinge, die du siehst. Das können Formen, Farben oder Gegenstände sein.*

- *4 Dinge, die du spüren kannst. Das können zum Beispiel deine Jacke, Hose, deine Uhr oder dein Handy sein. Benenne vier Dinge die du gerade anfassen kannst und spüre sie mit deinen Händen.*

- *3 Dinge, die du hören kannst. Höre genau hin und benenne drei Dinge, die du gerade hören kannst. Autos, Bahngeräusche, Menschen oder das Aufsetzen deiner Schuhe.*
- *2 Dinge, die du riechen kannst. Konzentriere dich auf den Geruch in deiner Nase. Die Pommesbude gegenüber oder der Geruch, der aus der Bäckerei kommt? Benenne zwei Gerüche, die du gerade erkennen kannst.*
- *Etwas, was du schmecken kannst. Welchen Geschmack hast du gerade auf deiner Zunge?*

Und um dich zu beruhigen, eignet sich eine Atemübung ganz besonders gut. Die 4-6-8 Methode beruhigt dein Nervensystem und aktiviert den Parasympathikus, der für die Entspannung zuständig ist.

1. *Atme für 4 Sekunden ruhig ein*
2. *Halte für 6 Sekunden die Luft an*
3. *Atme für 8 Sekunden langsam aus*

Wiederhole dies für mindestens 60 Sekunden und genieße den entspannenden Effekt.

Dauer

Wir verabreden uns oft zu einer bestimmten Uhrzeit, beispielsweise um 15:00 Uhr. Wann ein Date anfängt, ist klar – aber wann endet es? Das ist viel weniger vorhersehbar und hängt stark davon ab, wie sich beide fühlen. Eine allgemeingültige Regel dafür gibt es nicht, denn jedes Date hat sein eigenes Tempo. Ein Date kann sich über Stunden erstrecken, wenn die Chemie stimmt und beide sich wohlfühlen. Aber es ist genauso in Ordnung, ein Treffen zu beenden, auch wenn es gut läuft. Das heißt nicht, dass das Date schlecht war oder dass keine weitere Begegnung folgen wird.

Manchmal braucht man einfach eine kleine Pause, um Energie zu tanken oder hat andere Verpflichtungen. In solchen Momenten ist es wichtig, offen und ehrlich zu kommunizieren. Du könntest zum Beispiel sagen: „Es war sehr schön mit dir, aber meine Social Battery ist für heute leer." Wenn du schon Interesse an einem zweiten Treffen signalisieren möchtest, kannst du hinzufügen: „Ich muss jetzt leider gehen, aber ich würde dich gerne wiedersehen. Was denkst du?" So zeigst du, dass du das Date genossen hast, aber gerade deine eigenen Grenzen respektieren möchtest.

Es ist auch völlig okay, schon zu Beginn eine zeitliche Begrenzung für das Date zu setzen. Du kannst dies auf eine freundliche und transparente Weise schon bei der Planung des Treffens kommunizieren. Ein Beispiel wäre: „Wollen wir uns um 19.00 Uhr auf ein Glas Wein treffen? Vielleicht bis 20.30? Für den ersten Eindruck finde ich das perfekt. Beim nächsten Mal können wir uns dann gerne mehr Zeit nehmen." Das nimmt den Druck aus dem Date, da beide von Anfang an wissen, dass es einen klaren zeitlichen Rahmen gibt. So lässt sich dein restlicher Tag besser planen – ob du danach Freund:innen triffst oder zum Sport gehst – und es vermeidet eine potenziell unangenehme Situation, in der jemand das Treffen abrupt beenden müsste.

Achte auch auf die Körpersprache und die Signale deines Gegenübers. Oft sagt diese mehr aus als Worte, und du bekommst ein Gefühl dafür, ob und wann es Zeit ist, das Date ausklingen zu lassen. Beobachte, ob ihr beide noch interessiert und entspannt seid, oder ob einer von euch vielleicht müde wirkt – das hilft, die richtige Entscheidung für den Moment zu treffen.

Und schließlich – beende das Date bewusst und positiv. Ein ehrliches Kompliment oder ein Dankeschön für die gemeinsame Zeit können den Moment abrunden und zeigen, dass du den Moment wertschätzt. Egal, wie lang das Date dauert: Ein gelungener Abschluss bleibt positiv in Erinnerung.

Aktivitäten

Mit einem Kaffee in der Hand durch die Straßen schlendern, ein Tretboot über den See steuern oder sich bei Pasta und Wein beim Lieblingsitaliener verlieren – die Möglichkeiten für ein erstes Date sind nahezu endlos. Doch welche Option ist wirklich die beste? Gerade diejenigen, die das erste Treffen organisieren wollen oder sollen, stehen oft vor der Frage: Wie finde ich etwas Passendes, das entspannt und unverkrampft ist, aber dennoch Eindruck hinterlässt?

Laut einer Umfrage von Parship[22] wünschen sich 83 Prozent der Befragten einfache gemeinsame Aktivitäten wie Spaziergänge, dicht gefolgt von Café- oder Restaurantbesuchen (76 Prozent). Sogar Kino (25 Prozent) wird noch genannt, auch wenn es für das erste Date nicht immer ideal ist. Besonders Spaziergänge stehen hoch im Kurs – und das aus gutem Grund. Ein Spaziergang bietet Flexibilität: Ob quer durch die Stadt oder entlang deines idyllischen Lieblingswegs, ihr könnt spontan entscheiden, ob ihr eine Pause einlegt, Hunger verspürt oder Lust habt, kurz in eine Buchhandlung zu schauen. Diese Freiheit nimmt Druck aus der Situation und macht es einfach, die Zeit individuell anzupassen.

Auch die unverbindliche Atmosphäre spricht für einen Spaziergang. Im Gegensatz zu einem Restaurantbesuch, wo man zwangsläufig bis zum Hauptgang bleibt, oder einem Kinobesuch, bei dem wenig Kommunikation möglich ist, könnt ihr die Dauer des Treffens selbst bestimmen. Sollte die Chemie nicht stimmen, verabschiedet ihr euch höflich, ohne lange Verpflichtungen. Und selbst bei einem erfolgreichen Date sorgt die entspannte Dynamik für ein positives Gefühl und mehr Sicherheit.

Natürlich gibt es Menschen, für die ein Spaziergang allein nicht die perfekte Wahl ist – vielleicht, weil es zu casual wirkt oder einfach nicht zum Stil des Gegenübers passt. Hier lohnt es sich, die Vorlieben eures Dates zu berücksichtigen. Liest dein Gegenüber gerne? Dann wäre ein Besuch in einem charmanten Buchladen eine gute Wahl. Interessiert ihr euch beide für Geschichte? Ein Museum kann nicht nur für spannende Gespräche sorgen, sondern auch eine gemeinsame Leidenschaft aufzeigen.

Für diejenigen, die etwas Kreativeres ausprobieren möchten, könnte ein Kunstkurs eine tolle Idee sein. Studien[23] zeigen, dass solche Aktivitäten den Oxytocinspiegel erhöhen – das sogenannte Bindungshormon, das Vertrauen und Nähe fördert. Dabei spielt es keine Rolle, ob ihr gemeinsam an einem Werk arbeitet oder jeder sein eigenes erschafft; der Austausch, das gemeinsame Lachen und die lockere Stimmung sorgen für Verbindung. Auch sportliche Aktivitäten wie Klettern, Stand Up Paddling, Tennis oder Badminton können eine ungezwungene und aktive Alternative sein. Hier lernt ihr euch auf spielerische Weise kennen und erlebt direkt, wie gut ihr als Team funktioniert. Wenn ihr euch lieber bei einem Drink kennenlernen möchtet, ist eine hochwertige Bar eine ausgezeichnete Wahl. Besonders Hotelbars bieten oft eine elegante und ruhige Atmosphäre, die für ein entspanntes Gespräch ideal ist. Der Vorteil: Gute Drinks und aufmerksamer Service schaffen eine einladende Stimmung, ohne dass ihr in einem überfüllten Lokal oder einem allzu lauten Umfeld sitzt.

Was ihr hingegen unbedingt vermeiden solltet, sind Aktivitäten, die kaum Kommunikation zulassen. Kino, Konzerte oder

Comedy-Shows mögen später in einer Beziehung eine schöne Idee sein, für das erste Date jedoch eignen sie sich nur bedingt, da der zwischenmenschliche Austausch hier auf der Strecke bleibt. Kommunikation ist das Herzstück des Kennenlernens – und genau darum geht es beim ersten Date.

Abzuraten ist auch von Treffen in den eigenen vier Wänden. Egal, wie vertraut der Kontakt bisher schien, ein erstes Date zu Hause birgt immer Risiken, die ihr nicht kontrollieren könnt. Öffentliche Orte bieten nicht nur Sicherheit, sondern auch eine neutralere Atmosphäre, die hilft, sich auf Augenhöhe zu begegnen.

Am Ende zählt, dass ihr euch bei eurer Wahl wohlfühlt und die Möglichkeit habt, euch wirklich kennenzulernen. Denn egal ob Spaziergang, Kunstkurs oder Dinner-Date – das Beste an einem ersten Treffen ist, dass es der Anfang von etwas Schönem sein könnte.

Wer bezahlt die Rechnung?

Eines der wohl heiß diskutierten Themen, wenn es um Dating geht: Wer bezahlt die Rechnung? Der Ursprung dieser Tradition liegt im 19. und 20. Jahrhundert, als das Gesellschaftsbild stark patriarchal geprägt war. Männer galten als Versorger und Hauptverdiener, während Frauen oft finanziell von ihnen abhängig waren. In dieser Zeit war es üblich, dass der Mann die Kosten übernahm – einerseits, um seine Rolle als beschützender Ernährer zu demonstrieren, andererseits, weil Frauen häufig kein eigenes Geld besaßen.

Mit der zunehmenden Gleichberechtigung und wirtschaftlichen Unabhängigkeit von Frauen hat sich dieses Rollenbild zwar verändert, doch die Erwartung, dass der Mann beim ersten Date zahlt, ist in vielen Kulturen bis heute erhalten geblieben. Teilweise wird es als Akt der Höflichkeit oder als Zeichen von Interesse und Großzügigkeit verstanden.

Heutzutage gibt es jedoch viele Möglichkeiten, das Thema fair und entspannt zu gestalten – ganz im Zeichen der Augenhöhe. Ein offenes Gespräch über die Rechnung kann eine Chance sein, sich gleichwertig und respektvoll zu begegnen. Eine lockere Aussage wie „Lass uns das teilen" oder „Jeder übernimmt seinen Teil" zeigt, dass beide unabhängig sind und auf Augenhöhe agieren. Und falls du lieber zahlst oder es als höfliche Geste angeboten bekommst, ist es natürlich auch in Ordnung, das anzunehmen – solange beide sich wohlfühlen und die Situation nicht als Verpflichtung oder Erwartung wirkt.

Flexibilität ist hier das A und O. Wenn jemand von euch darauf besteht, die Rechnung zu übernehmen, und ihr beide euch damit wohlfühlt, kann das eine nette Geste sein – auch ohne die alten Rollenmuster zu bedienen. Entscheidend ist, dass sich beide respektiert fühlen und das Gespräch über die Bezahlung offen gehalten wird.

So entsteht ein Date-Erlebnis, das im Zeichen von Gleichwertigkeit und Respekt steht und signalisiert, dass ihr beide bereit seid, auf Augenhöhe miteinander umzugehen.

Gesprächsthemen

Smalltalk ist nicht bei allen Menschen beliebt. Oberflächliches Gerede übers Wetter à la „Oh, wie schön scheint die Sonne!" bis hin zu „Ja, ja, die Preise für Butter steigen auch immer weiter…", kann langweilig wirken. Aber Smalltalk hilft uns, unser Gegenüber besser einzuschätzen und eine gemeinsame Ebene zu finden – quasi eine „Aufwärmphase" beim ersten Date. Während des Smalltalks testen wir uns gegenseitig und versuchen, Gemeinsamkeiten zu finden.

Der Vorteil beim Onlinedating ist, dass ihr vor dem Date bereits ein wenig Kontakt hattet und daher schon einige Gesprächsthemen kennt. Nutze das Wissen, das du bereits hast, und knüpfe bei Gesprächen an, die online schon geführt wurden. Falls du nur wenige Informationen über dein Date hast, kann die BEAT-Methode hilfreich sein, um das Gespräch locker und strukturiert zu beginnen und langsam mehr Tiefe zu entwickeln. BEAT steht hierbei für:

- **B**eruf
- **E**rholung
- **A**ngehörige
- **T**iefe

Warum steht der Beruf an erster Stelle? Nicht nur, weil die Abkürzung sonst keinen Sinn mehr ergeben würde, sondern weil wir – wie schon angesprochen – immer nach Gleichheit und Parallelen suchen. Fast jede:r hat einen Job, und es ist ein Thema, das nicht zu persönlich ist, sodass viele Menschen leicht darüber reden können. Von hier aus lässt sich das Gespräch beliebig erweitern oder vertiefen. Du könntest zum Beispiel fragen, warum die Person diesen Job ausgesucht hat, wie sie dazu kam oder ob das schon immer ihr Wunsch war. Achte aber darauf, dass das Gespräch locker bleibt und dein Gegenüber sich wohlfühlt – es soll kein Vorstellungsgespräch werden!

Wenn du in ein anderes Themenfeld überleiten möchtest, kannst du fragen, ob der Freundeskreis deines Dates ebenfalls in derselben Branche tätig ist oder wie er/sie die besten Freund:innen kennengelernt hat. Das nennt man „Assoziationsketten“ und hilft dir, das Gespräch fließend zu halten und sogar in eine Richtung zu lenken, die dir wichtig ist. So kannst du Verbindungen aufbauen, um wichtige Themen für dich anzusprechen – immer auf natürliche Weise.

Beispiel einer Assoziationskette:

„Was machst du beruflich?" → Leidenschaft → Hobbys → „Was machst du in deiner Freizeit?" → Reisen → Lieblingsorte → Kulinarik → „Was ist dein Lieblingsessen?" → Kochen → Familienrezepte → Kindheitserinnerungen → „Was war dein schönstes Kindheitserlebnis?" → Familie → Werte → „Wie wichtig ist dir Familie?" → Zukunft → Lebensziele → „Was möchtest du in fünf Jahren machen?" → Träume → Offenheit → „Hast du schon mal etwas Verrücktes gemacht?"

Diese Methode lässt das Gespräch natürlich wachsen und erlaubt dir, durch Fragen echte Verbindungen zu schaffen, anstatt dein Date mit Fragen zu „überladen". Achte dabei auch auf die Körpersprache und die Reaktionen deines Gegenübers, um sicherzustellen, dass die Themen angenehm sind und ihr euch beide wohlfühlt. Grundsätzlich eignen sich alle Gesprächsthemen, die euch beiden wichtig sind und die ihr gerne teilt. Doch sei bei bestimmten Themen achtsam, denn manche Bereiche können Unbehagen auslösen. Dazu zählen intime Themen wie Gesundheit und Krankheiten, sexuelle Vorlieben oder Erfahrungen, schwierige Familiengeschichten, insbesondere bei Tod oder Trennung, und ehemalige Beziehungen. Jeder Mensch hat andere Themen, die er oder sie lieber meidet oder vertieft – sei also respektvoll und beobachte, wie wohl sich dein Gegenüber mit den angesprochenen Themen fühlt.

Wenn euer Gespräch gut läuft und ihr euch in einen Deep-Talk wagt, ist das ein starkes Zeichen – es kann dazu führen, dass ihr euch tiefer miteinander verbunden fühlt. Zu diesem Ergebnis kam eine Studie aus dem Jahr 2010.[24] Eine weitere Studie[25] aus dem Jahr 2021 fand heraus, dass Menschen oft unterschätzen, wie interessiert und fürsorglich Fremde auf persönliche Offenbarungen reagieren, und dass diese Fehleinschätzungen dazu führen, dass tiefere Gespräche vermieden werden.

Methodik: In einer Reihe von Experimenten führten Teilnehmer:innen Gespräche mit Fremden, entweder über oberflächliche oder tiefgründige Themen. Vor und nach den Gesprächen gaben sie an, wie verbunden, unwohl oder zufrieden sie sich fühlten.

Ergebnisse: Die Teilnehmer:innen unterschätzten systematisch, wie glücklich und verbunden sie sich nach tiefgründigen Gesprächen fühlen würden, und überschätzten, wie unangenehm solche Gespräche sein könnten. Tatsächlich fühlten sie sich nach „Deep-Talks“ oft besser als erwartet.

Einfluss auf Gesprächswahl: Diese Fehleinschätzungen beeinflussen die Bereitschaft zu tiefen Gesprächen. Die Teilnehmenden mit korrigierten Erwartungen wählten eher tiefgründige Themen.

Schlussfolgerungen: Die Ergebnisse zeigen, dass Menschen dazu neigen, die positiven Effekte tiefgründiger Gespräche zu unterschätzen und sich vor möglichen Unannehmlichkeiten zu fürchten. Diese Fehleinschätzungen verhindern oft tiefere Gespräche – und damit wertvolle soziale Verbindungen. Ein besseres Verständnis dieser positiven Auswirkungen könnte dazu beitragen, soziale Barrieren abzubauen und bereichernde Gespräche zu fördern.

No-Gos im Gespräch: Ein paar Dinge solltest du beim ersten Date besser vermeiden, um das Gespräch angenehm und leicht zu gestalten:

- **Zu persönliche oder intime Themen:** Zu früh über Krankheiten, frühere Beziehungen oder sexuelle Vorlieben zu sprechen, kann schnell zu viel werden und deinem Gegenüber unangenehm sein.
- **Negative Themen oder übermäßiges Klagen:** Ein bisschen Ehrlichkeit ist gut, aber halte die Stimmung eher leicht. Ein

Date sollte positiv bleiben, also vermeide es, zu viel über Alltagsfrust zu reden.

- **Monologe führen oder das Gespräch dominieren:** Ein Date ist ein Austausch, kein Vortrag. Achte darauf, dass ihr beide ausreichend Redezeit habt und dein Date sich ebenfalls einbringen kann.
- **Ungebetene Ratschläge geben:** Vermeide es, direkt Ratschläge zu erteilen, es sei denn, dein Gegenüber fragt danach. Konzentriere dich lieber darauf, zuzuhören und das Gespräch fließen zu lassen.
- **Übermäßiger Handygebrauch:** Wenn nicht nötig, lass das Handy weg. Ständiges Checken kann den Eindruck erwecken, dass du nicht wirklich präsent bist.

Zum Schluss: Bleibe locker und authentisch. Es ist völlig in Ordnung, das Gespräch am Anfang etwas oberflächlicher zu halten und langsam in tiefere Themen einzutauchen, wenn sich die Situation richtig anfühlt. So wird das Date angenehm und führt euch Schritt für Schritt zu einem echten Austausch.

Verhalten und Körpersprache

Das Thema Körpersprache füllt ganze Bücher, daher konzentrieren wir uns hier auf die einfachsten Regeln, die beim Dating wichtig sind. Man geht davon aus, dass ca. 93 Prozent unserer Kommunikation nonverbal ist[26] – das heißt, oft zählt mehr, wie etwas gesagt wird, als das, was inhaltlich vermittelt wird. Das passt perfekt zum Smalltalk, über den du ein paar Seiten zuvor gelesen hast. Natürlich bist du beim Smalltalk auf der Suche nach Gemeinsamkeiten, doch es geht auch darum, den „Vibe“ zwischen euch zu spüren. Ist dein Gegenüber vertrauenswürdig? Fühlst du dich wohl oder schrillen deine Alarmglocken?

Über Körpersprache drücken wir Sympathie aus, zeigen Interesse, strahlen Selbstsicherheit aus und vermitteln unseren Gesprächspartner:innen Sicherheit. Doch was gehört alles zur Körpersprache? Körpersprache umfasst Gesten, Mimik, Körperhaltung, Proxemik (Abstand zwischen den Personen) und Augenkontakt. Diese Signale können entscheidend sein für Sympathie oder Antipathie, da sie oft mehr über die Emotionen einer Person aussagen als das gesprochene Wort.

- **Gestik:** Das Ausbreiten oder Verschränken der Arme kann Offenheit oder defensive Haltung signalisieren.
- **Mimik:** Alles, was in unserem Gesicht passiert – Freude, Trauer, Wut und viele weitere Emotionen – können wir mit etwa 30 Gesichtsmuskeln formen.
- **Körperhaltung:** Eine aufrechte Haltung strahlt Selbstbewusstsein aus, während eine zusammengesunkene Haltung oft als Zeichen von Unsicherheit oder Desinteresse gewertet wird.
- **Augenkontakt:** Augenkontakt kann Interesse und Sympathie signalisieren, während das Vermeiden von Blickkontakt als Nervosität oder Desinteresse interpretiert werden kann.
- **Proxemik:** Der physische Raum zwischen zwei Menschen vermittelt Vertrautheit oder Distanz. Ein geringer Abstand zeigt Nähe, während ein größerer Abstand weniger Intimität signalisiert.

Nun hast du einen Überblick, was alles zur Körpersprache gehört. Bedenke, dass nicht alles pauschal auf jeden Menschen zutrifft. Wer die Arme verschränkt, ist nicht automatisch abgeneigt – vielleicht sitzt die Person einfach so am bequemsten. Achte bei der Körpersprache immer auf die gesamte Kombination, denn so kommen die Signale am besten zur Geltung.

Warum ist das alles so wichtig? Einerseits, weil du dadurch dein eigenes Wirken reflektieren und deine Körpersprache bewusst einsetzen kannst. Andererseits hilft es dir, dein Gegenüber besser einzuschätzen: Was braucht dein Date gerade, und besteht Sympathie? Du kannst deine eigene Körpersprache steuern, um die gewünschten Signale zu senden – wenn du dich entspannt und offen auf dein Date einlässt, schaffst du eine einladende Atmosphäre. Ein Lächeln oder ein Nicken signalisiert Interesse und kann das Eis brechen. Achte dabei jedoch darauf, dass du Körpersprache nicht überinterpretierst. Sie ist ein wertvolles Mittel, doch zu viel Analyse kann schnell anstrengend wirken. Nimm die Signale deines Gegenübers wahr, aber bleib locker.

Die Kunst des „Spiegelns"

Ein weiterer hilfreicher Trick ist das „Spiegeln". Menschen fühlen sich oft zu anderen hingezogen, die eine ähnliche Körpersprache und ähnliche Verhaltensweisen zeigen. Wenn du also subtile Gesten oder Haltungen deines Dates nachahmst – ohne es zu übertreiben – kann das eine natürliche Verbindung fördern und ein Gefühl von Vertrautheit schaffen. Bleib dabei jedoch authentisch, damit dein Gegenüber spürt, dass du dich wohlfühlst und das Zusammensein genießt.

Ein Wort zur kulturellen Sensibilität

Vergiss nicht, dass Körpersprache in verschiedenen Kulturen unterschiedlich interpretiert werden kann. Während Augenkontakt in manchen Kulturen als Zeichen von Interesse gilt, kann er in anderen eher zurückhaltend gewertet werden. Bleibe also flexibel und achte darauf, wie sich die Körpersprache in Kombination mit den Worten deines Dates verhält.

Körpersprache ist ein kraftvolles Werkzeug beim Dating. Nutze diese Signale bewusst und achte auf die Reaktionen deines

Gegenübers. So kannst du eine tiefere Verbindung aufbauen und ein angenehmes Gesprächsklima schaffen. Denke daran, dass es letztlich darum geht, authentisch zu sein und das Zusammensein zu genießen.

Der erste Kuss

Ob in kitschigen Filmen oder in unserer eigenen Fantasie – die Vorstellung vom ersten Kuss bleibt aufregend. Es spielt keine Rolle, ob es der allererste Kuss in der Teenagerzeit war oder ob wir uns im Erwachsenenalter zu einem Date begeben und der Moment näher rückt. Doch wie merkt man, ob dieser Moment tatsächlich passt? Wer wagt den ersten Schritt? Die Angst, dass der Kuss nicht erwidert wird, kann einen ganz schön herausfordern. Und dann die Frage: Warum küssen wir uns überhaupt?

Beginnen wir beim Warum. Die Wissenschaft liefert einige Theorien[27]: Eine besagt, dass Küssen an ein altes Fütterungsverhalten erinnert, bei dem unsere Urahnen Nahrung von Mund zu Mund weitergaben. Eine andere Theorie führt es auf das Stillen zurück. Zugegeben, beides klingt wenig romantisch, aber Küssen ist so viel mehr. Auch wenn in anderen Kulturen anstelle der Lippen Wimpern oder Nasen aneinandergerieben werden, bleibt die Bedeutung ähnlich. Selbst der griechische Philosoph Platon sprach vom Kuss als einer Art Seelenreise – die Seele, die über die Lippen nach außen drängt. Aber mal ehrlich, hinter einem Kuss steckt noch viel mehr.

Küssen ist auch eine Art unbewusster Informationsaustausch. Es kann uns Hinweise auf das Immunsystem des anderen geben, stärkt das eigene und nebenbei sorgt ein Kuss für die Ausschüttung von Hormonen wie Oxytocin, das Bindungen stärkt und Vertrauen aufbaut. Küssen schafft emotionale Nähe, und senkt unseren Stresspegel. Küsse sind nicht nur für

Verliebte reserviert – auch in Freundschaften oder als Zeichen von Vertrauen ist der Kuss von Bedeutung. Zwischen Paaren wirkt jeder Kuss wie ein kleines Versprechen, und wer sich regelmäßig küsst, stärkt seine Beziehung auf lange Sicht.

Ein Kuss ist also weit mehr als nur eine Berührung. Vom ersten vorsichtigen Tasten bis zum leidenschaftlichen Vertrautsein erzählt jeder Kuss seine eigene Geschichte, entfacht ein Feuerwerk der Gefühle und verbindet uns auf eine Weise, die Worte manchmal einfach nicht leisten können.

Ist ein Kuss beim ersten Date zu früh?

Ob der erste Kuss bereits beim ersten Date passt, ist sehr individuell. Eine Umfrage vom SINUS-Institut und YouGov[28] aus dem Jahr 2017 ergab, dass 36 Prozent der Befragten einen Kuss beim ersten Date für angemessen hielten. Männer waren mit 41 Prozent etwas offener als Frauen (32 Prozent). Ob ein Kuss beim ersten Date, zweiten Date oder nach fünf Treffen passend ist – eine pauschale Antwort gibt es nicht. Oft entsteht Anziehung unbewusst und eher durch biochemische Prozesse als durch rationales Handeln. Wenn ihr euch in die Augen schaut, vielleicht nochmal leicht unsicher auf den Boden blickt, dann kurz überlegt und sich schließlich eure Lippen treffen – diesen Moment kann man schwer planen. Es passiert einfach, wenn beide es wollen.

Der richtige Moment für den ersten Kuss

Jetzt wissen wir, warum wir uns küssen, was dabei in uns vorgeht und dass es geschieht, wenn beide es wirklich wollen. Doch wie merkt man, ob das Gegenüber den Kuss ebenfalls wünscht? In diesem Buch dreht sich vieles um Augenhöhe – und dazu gehört auch, dass körperliche Interaktionen nur stattfinden, wenn beide sich wohlfühlen und es wirklich wollen.

Viele Menschen wünschen sich, dass das Date den ersten Schritt wagt – aber nur dann, wenn das Interesse wirklich auf Gegenseitigkeit beruht. Versuchen wir also, ein paar Merkmale zu erkennen, die darauf hinweisen könnten, dass ein Kuss gerade erwünscht ist oder nicht.

Manche spielen nervös mit ihren Haaren, andere knabbern an der Unterlippe – das kann ein Zeichen sein, muss aber nicht. Besonders Männer sind oft wahre Meister darin, solche Signale zu übersehen oder falsch zu deuten. Wichtiger als jedes Zeichen ist ein gutes Gefühl zwischen euch beiden. Ist dein Date entspannt, der Blickkontakt intensiv? Ein einfaches „Fühlst du dich wohl mit mir?" mag deinen Gegenüber überraschen, doch die Antwort ist wertvoll: Ein „Ja, ich fühle mich wohl mit dir" oder ein vorsichtiges „Mh, ich bin mir nicht sicher" gibt dir Klarheit.

Augenkontakt und Nähe

Blicke sagen mehr als tausend Worte. Langes, intensives in-die-Augen-Schauen kann ein gutes Zeichen sein, da es Oxytocin freisetzt. Eine Untersuchung[29] des University College London ergab, dass direkter Blickkontakt Hirnregionen aktiviert, die mit sozialer Kognition und emotionaler Verarbeitung verbunden sind. Dies erklärt, warum langes in-die-Augen-Schauen das Gefühl von Vertrautheit vertiefen kann.

Körperkontakt ist ein weiterer Schritt, um Nähe zu schaffen. Beobachte, wie ihr euch zueinander positioniert: Sitzt oder geht ihr nah beieinander, oder ist da ein größerer Abstand? Du kannst dich langsam und respektvoll annähern – ohne direkt Körperkontakt aufzubauen. Sollte dein Gegenüber dabei auf Abstand gehen, respektiere das sofort. Hier hilft das „Touch and Talk"-Prinzip: Sanfte Berührungen am Arm oder an der Schulter, in Verbindung mit einem Gespräch, schaffen Nähe und Vertrauen.

Respektvoller Umgang: Fragen ist super

Den richtigen Moment für einen Kuss zu finden, bedeutet auch, die Einwilligung deines Dates zu beachten. Ein einfaches „Darf ich dich küssen?" hat nichts mit fehlendem Mut zu tun, sondern zeigt Respekt und Augenhöhe. Wenn beide sich sicher fühlen und ein kleines „Ja, sehr gern" hören, wird der Moment dadurch nur schöner. Und um die Frage zu beantworten, wer den ersten Schritt machen sollte: Die meisten Umfragen zeigen, dass viele Männer glauben, es sei ihre Aufgabe, während sich Frauen oft wünschen, überrascht zu werden. Je jünger die Befragten sind, desto flexibler wird diese Erwartung. Am Ende zählt vor allem eins: Wer Lust hat, den ersten Schritt zu wagen, sollte auf das eigene Gefühl vertrauen – natürlich immer mit Respekt und auf Augenhöhe.

Und wenn es nicht klappt?

Falls der erste Kuss nicht erwidert wird, ist das kein Drama. Nimm es mit Humor und bleibe locker – manchmal ist es einfach nicht der richtige Moment, oder das Date braucht noch etwas Zeit, um Vertrauen zu gewinnen. Ein freundliches Lächeln oder ein kleiner humorvoller Kommentar können die Situation auflockern und zeigen, dass du auch einen „fehlgeschlagenen" Kussversuch entspannt nehmen kannst.

Date abbrechen

Zu den wohl schwierigsten Disziplinen im Dating gehört es definitiv, ein Date abzubrechen. Ein Spaziergang, der nie enden will, ein endloser Monolog im Restaurant oder betretenes Schweigen auf der Parkbank – wir alle kennen diese Dates, bei denen wir wissen, dass daraus keine Lovestory wird. Keine Rose & Jack, Allie & Noah und erst recht kein Romeo & Julia.

Meistens möchten wir unser Gegenüber nicht verletzen, und das ist eigentlich auch gut so. Doch wenn wir uns sicher sind, dass wir keine Beziehung mit diesem Menschen aufbauen wollen, ist es fair, dies anzusprechen. Fair gegenüber unserem Date, das sich Zeit nimmt und sich vielleicht große Mühe gibt. Und auch uns selbst gegenüber, denn unsere Zeit ist genauso wertvoll.

Wie spricht man es an?

Die Rechnung bestellen und schnell durchs Toilettenfenster flüchten? Verstecken spielen und hoffen, nicht gefunden zu werden? Der Fluchtinstinkt zeigt sich nicht nur in dunklen Gassen oder einsamen U-Bahnhöfen, sondern auch bei Torben, Lena oder wie auch immer dein Date heißt.

Hier kann dir die Sandwich-Methode helfen, ein Date respektvoll zu beenden, ohne dass es unangenehm wird. Dabei packst du die weniger schöne Nachricht zwischen zwei positiven Aussagen. So geht's:

1. **Positiver Start:** Beginne mit etwas Nettem, das dir am Date gefallen hat, um die Stimmung freundlich zu halten. Beispiel:

   „Hey, es war echt schön, dich kennenzulernen, und ich fand es super interessant, über [Thema] mit dir zu reden."

2. **Offen und ehrlich sein:** Danach kommst du ehrlich auf den Punkt, ohne verletzend zu sein. Es hilft, einfach und direkt zu sagen, dass es für dich nicht „Klick" gemacht hat. Beispiel:

   „Aber ich muss ehrlich sagen, bei mir macht's irgendwie nicht Klick. Ich möchte da einfach fair bleiben."

3. **Netter Abschluss:** Schließe wieder mit etwas Positivem ab, um das Gespräch angenehm zu beenden. Beispiel:

> „Trotzdem war's ein schöner Abend, und ich wünsche dir nur das Beste!"

Diese Methode lässt dich das Date höflich und respektvoll beenden, ohne dass die Situation unangenehm wird.

Alternative: direkte Abbruch-Möglichkeiten

Falls die Situation es erfordert oder das Date verkürzt werden soll, kannst du auch eine kürzere, klare Version wählen, die ebenfalls freundlich bleibt. Ein paar Beispiele:

- „Es war schön, dich kennenzulernen, aber ich denke, wir passen eher freundschaftlich zusammen. Ich wünsche dir alles Gute."
- „Danke für den Abend – du bist wirklich nett, aber ich glaube, der Funke springt bei mir nicht über. Ich hoffe, du findest, wonach du suchst."

Ehrlichkeit und Respekt

Bedenke: Ein Date höflich abzubrechen, ist besser, als es unnötig in die Länge zu ziehen oder sich aus Pflichtgefühl weiter zu treffen. Beide Seiten verdienen es, offen und ehrlich zu wissen, woran sie sind – so kann dein Gegenüber ebenso mit einem klaren Abschluss nach Hause gehen.

Bleib dabei achtsam für die Reaktionen deines Dates und gib Raum für Verständnis. Vielleicht ist dein Date überrascht oder braucht einen Moment, um das Gehörte zu verarbeiten. Respektiere diese Reaktionen und bleibe ruhig, auch wenn es kurz unangenehm werden könnte. Manchmal braucht es Mut, ehrlich zu sein, doch langfristig ist das immer die respektvollste Wahl.

Am Ende ist der Abbruch eines Dates keine einfache Sache, aber mit ein bisschen Empathie und Ehrlichkeit gelingt es, die Situation fair und freundlich zu meistern.

Klären, wie es weitergeht

Jede Zeit neigt sich irgendwann dem Ende entgegen und so auch euer Treffen. Vielleicht habt ihr schon ein neues Treffen verabredet? Wenn nicht, bietet sich das Ende gut an, um zu klären, wie es weitergeht. Wenn du dir sicher bist, dass du dein Gegenüber wiedersehen möchtest, kannst du dies gern sagen: „Ich würde dich gern wiedersehen, hast du auch Lust?" Solche Sätze sind sehr mutig, denn wir lassen es zu, verletzlich zu sein, indem wir uns einen Korb einfangen könnten. Wenn du es eher allgemeiner formulieren magst, kannst du auch sagen: „Ich habe mich sehr wohl gefühlt mit dir." Optional kannst du auch fragen, wie dein Date euer Treffen empfunden hat. Wenn du dir selbst noch unsicher bist und das Date erst einmal reflektieren oder mit Dritten besprechen möchtest, nimm dir gern die Zeit dafür. Niemand drängt darauf, direkt eine Entscheidung zu treffen. Fremde Menschen zu treffen, kann mitunter ganz schön anstrengend sein. Irgendwie performen wir schließlich immer, zeigen uns von der besten Seite, wollen trotzdem authentisch sein – dieser Balanceakt ist zehrend. Die Angst vor Anspannung, eine unterschwellige Nervosität und das Bedürfnis nach Bestätigung und Akzeptanz lassen unsere Energiereserven schnell schmelzen. Wenn die soziale Batterie sowieso gerade nicht ganz voll ist, ist es oft ratsamer, sich selbst Zeit zu geben.

Wenn du dir sicher sein solltest, dass du dein Gegenüber nicht weiter treffen möchtest, kannst du dies auch gern ansprechen. Versuche es hier am besten mit der Sandwich-Methode, wie du sie im Abschnitt „Date abbrechen" gelesen hast.

Einen Korb bekommen

Einen Korb zu bekommen ist deshalb so schwer, weil es uns auf vielen Ebenen trifft. Zunächst ist da das Gefühl der Ablehnung. Auch wenn die Gründe oft gar nichts mit uns zu tun haben, fühlen wir uns schnell persönlich zurückgewiesen. Unser Selbstwertgefühl wird angekratzt, alte Unsicherheiten kommen hoch, und wir fragen uns: „Bin ich gut genug?" Dazu kommen die zerplatzten Erwartungen. Man hatte sich vielleicht schon ausgemalt, wie es wäre, sich weiter kennenzulernen, mehr Zeit miteinander zu verbringen. Und plötzlich sind diese Hoffnungen einfach weg. Man bleibt zurück mit der Frage, ob man vielleicht etwas falsch gemacht hat. Der Zweifel nistet sich ein, und das Selbstbild bekommt Risse.

Auch der Stolz spielt eine Rolle. Man hat sich Mühe gegeben, war interessiert und aufmerksam, hat versucht, sich von seiner besten Seite zu zeigen – und dennoch reicht das nicht aus, um das Interesse der anderen Person zu wecken. Diese Ablehnung kratzt an unserem Stolz und lässt uns unweigerlich hinterfragen, ob etwas an uns „falsch" ist. Ein Korb bringt oft auch Verunsicherung für zukünftige Dates mit sich. Die Erinnerung an die Zurückweisung bleibt im Hinterkopf, und es fällt schwer, beim nächsten Mal wieder ganz unbeschwert und offen zu sein. Jeder Korb erfordert Mut, sich wieder auf jemanden einzulassen, wieder verletzlich zu sein.

Hinzu kommt der Druck der gesellschaftlichen Erwartungen. Oft wird Erfolg im Dating als persönlicher Erfolg bewertet. Einen Korb zu bekommen, fühlt sich deshalb an wie ein Scheitern, als hätte man in irgendeiner Form versagt – dabei ist das völliger Quatsch. Ablehnung gehört zum Kennenlernen dazu und sagt rein gar nichts über den eigenen Wert aus. Es hilft, sich klarzumachen: Ein Korb ist nichts, was uns definiert, sondern nur eine Etappe auf dem Weg, die uns letztlich näher zu jemandem bringt, der uns genauso mag, wie wir sind.

Damit umzugehen, ist keine leichte Sache – aber es gibt Wege, wie man das Ganze locker und selbstbewusst nehmen kann, ohne dass es am Selbstwert nagt.

- **Erstmal:** Akzeptiere die Entscheidung und bewahre deine Würde. Ein simples „Danke für deine Offenheit, alles Gute dir" zeigt Größe und Klasse. So geht ihr respektvoll auseinander und behaltet beide einen positiven Eindruck voneinander.
- **Nimm es nicht persönlich.** Ein Korb bedeutet nicht, dass mit dir etwas nicht stimmt. Menschen haben verschiedene Vorstellungen, Vorlieben und Prioritäten. Es ist eher eine Momentaufnahme als ein Urteil über dich.
- **Reflektiere und lerne daraus.** Überlege dir, wie du dich während des Dates gefühlt hast. Gab es etwas, das du beim nächsten Mal anders machen möchtest? Ohne Selbstkritik, sondern eher als Chance, zu wachsen und bei zukünftigen Dates lockerer und entspannter zu sein.
- **Fokussiere dich auf dich selbst.** Ein Korb ist oft eine gute Gelegenheit, um sich auf die eigenen Interessen und Leidenschaften zu konzentrieren. Mach Dinge, die dir Freude bringen, die dir zeigen, dass du auch ohne Date erfüllt und zufrieden sein kannst.
- **Erkenne deinen eigenen Wert.** Der richtige Mensch wird deine Interessen und Werte teilen und dich genauso schätzen, wie du bist. Jeder Korb bringt dich näher zu einer Begegnung, die wirklich passt.
- Und schließlich: **Schau nach vorne.** Ein Korb ist nicht das Ende, sondern nur eine neue Richtung. Offen und neugierig zu bleiben, bedeutet, dass du dich wieder auf spannende Menschen und Erlebnisse einlassen kannst, die auf deinem Weg liegen.

Erste Nachricht nach dem Date

Die erste Nachricht nach einem Date ist wie ein kleiner Türöffner: Sie kann das Interesse aufrechterhalten, Neugier wecken und den Grundstein für ein zweites Treffen legen. Es geht weniger darum, die „perfekte“ Nachricht zu verfassen, sondern vielmehr darum, deinem Gegenüber zu zeigen, dass das Date dir gefallen hat und du gerne in Kontakt bleibst. Die Nachricht ist eine Chance, das, was ihr beim Treffen aufgebaut habt, auf lockere und ehrliche Weise weiterzuführen – ohne große Spielchen und mit einer guten Portion Authentizität.

Übrigens, dieser Mythos, dass du dir mit deiner ersten Nachricht Zeit lassen solltest, ist nicht bestätigt und wie wir schon mehrfach herausgefunden haben, sind Pauschalisierungen selten gut. Befolge also keine Drei-Tage-Regel oder Leitsätze wie „Willst du gelten, mach dich selten“. Elitepartner hat 2020 herausgefunden[30], dass die meisten Singles eine Rückmeldung innerhalb von 24 Stunden erwarten, alles darüber hinaus wird als Desinteresse gewertet.

Wer glaubt, dass schnelle Antworten das Interesse des Date-Partners abschrecken, kann aufatmen: Nur 16 Prozent verlieren das Interesse, wenn jemand rasch zurückschreibt. Tatsächlich ist das Gegenteil der Fall – etwa jeder Zweite wird unruhig, wenn eine Antwort mehr als ein paar Stunden auf sich warten lässt. Ganze 50 Prozent der Frauen und 46 Prozent der Männer beginnen zu zweifeln, ob echtes Interesse besteht, wenn sie länger auf eine Nachricht warten müssen. Allerdings gibt es auch Singles, die sich durch sofortige Antworten unter Druck gesetzt fühlen – und überraschenderweise trifft das häufiger auf Frauen (30 Prozent) als auf Männer (24 Prozent) zu.

Nun wissen wir, dass wir ruhig selbstbewusst eine Nachricht nach dem ersten Date senden können und uns keine Zeit lassen müssen, um überflüssige Spielchen zu spielen. Stellt sich nur die Frage, was wir schreiben. Vielleicht ahnst du es schon und kannst es dir aus den vorangegangenen Learnings selbst denken: Sei authentisch, freundlich und gehe auf dein Gegenüber ein. Hier ein paar Beispiele, wie du dies konkret umsetzen kannst:

- „Hey, bist du gut nach Hause gekommen? Es war sehr schön mit dir und ich habe noch nie so viel über griechische Mythologie gehört. Wollen wir uns nochmal treffen?"
- „Hey, vielen Dank für das schöne Kennenlernen. Total schön, dass du mir dein Lieblingscafé gezeigt hast. Vielleicht darf ich dir beim nächsten Treffen meines zeigen?"

Wie absagen?

Dir kommt was dazwischen? Du bist in deinem Terminkalender verrutscht oder fühlst dich heute nicht nach einem Date? Das ist völlig in Ordnung und es ist gut, dass du deine persönlichen Grenzen kennst. Auch gegenüber deinem Date darfst du zuerst auf dich und deine Bedürfnisse achten und mit der richtigen Kommunikation kannst du dafür sorgen, dass ihr das Date verschieben könnt, anstatt es ganz abzusagen. Wichtig ist hierfür, dass du ehrlich bist. Die Ausreden, dass dein Hund krank ist oder du einer Freundin heute helfen musst, ziehen leider nicht und bewirken eher Misstrauen, was keine gute Grundlage zum Kennenlernen ist. Stattdessen solltest du ganz transparent deinem Date erklären, dass du das Treffen lieber verschieben möchtest.

Als Beispiel: „Hey liebes Match, ich würde dich heute total gern treffen, aber ich fühle mich leider nicht so gut. Wäre es okay, wenn wir das verschieben? Wir können auch direkt ein neues Datum festlegen. Das erste Bier geht auf mich. Hoffe auf dein Verständnis."

Diese Absage ist ehrlich, wertschätzend und zeigt, dass du weiterhin Interessen an einem Kennenlernen hast. Beachte bitte auch, dass du nicht kurz vor eurem Date absagst. Dein Match hält sich für dich frei und könnte in dieser Zeit auch was anderes machen.

Sicheres Dating – Wie du Risiken vermeidest und dich gut schützt

Online-Dating kann eine großartige Möglichkeit sein, interessante Menschen kennenzulernen und vielleicht sogar die Liebe zu finden. Gleichzeitig ist es wichtig, dabei auf deine Sicherheit zu achten. Du gibst in Dating-Apps persönliche Informationen von dir preis und vertraust darauf, dass dein Gegenüber ebenfalls mit guten Absichten dabei ist. Um sicherzustellen, dass du dich jederzeit wohlfühlst, hier ein paar Tipps für sicheres Dating:

Gehe schrittweise vor

Beim Online-Dating ist es eine gute Idee, persönliche Details langsam und bewusst zu teilen. Dein Nachname, deine genaue Adresse oder Details über deinen Arbeitsplatz müssen nicht in den ersten Nachrichten preisgegeben werden. Teile stattdessen nur so viel, dass dein Gegenüber dich kennenlernen kann, ohne dabei zu viele private Details zu erfahren und du die Kontrolle darüber behältst.

Vertrauen ist gut – Vorsicht ist besser

Auch wenn die Chemie online super passt, ist es hilfreich, mit einem gesunden Maß an Vorsicht in das erste Treffen zu gehen. Wähle für das erste Date einen öffentlichen Ort wie ein Café, einen Park oder ein Restaurant. So könnt ihr euch in einem entspannten, sicheren Umfeld begegnen. Teile Freund:innen mit, wo du bist und wen du triffst – das gibt dir zusätzlich ein gutes Gefühl.

Achte auf dein Bauchgefühl

Wir haben oft ein gutes Gespür dafür, wenn etwas nicht stimmig wirkt. Sei ehrlich zu dir selbst und achte auf dein Bauchgefühl. Wenn du merkst, dass dein Gegenüber ungewöhnlich viele persönliche Fragen stellt oder dich unter Druck setzt, mehr zu teilen, als du möchtest, ist das ein klares Zeichen, auf Abstand zu gehen. Deine Grenzen sind wichtig, und du darfst jederzeit sagen, dass dir eine Frage zu privat ist.

Video- oder Telefon-Check vor dem ersten Treffen

Ein kurzes Telefonat oder ein Video-Call vor dem ersten Date kann dir helfen, ein besseres Gefühl für die andere Person zu bekommen. So hast du die Chance, den Eindruck aus den Nachrichten zu überprüfen und dir ein klareres Bild zu machen, bevor ihr euch persönlich trefft.

Schütze deine digitalen Daten

Denke daran, dass Fotos und Informationen, die du teilst, unter Umständen auch für andere zugänglich werden könnten. Vermeide es, Fotos mit empfindlichen Informationen zu teilen, und überprüfe deine Einstellungen in der App, um sicherzugehen, dass nur das sichtbar ist, was du zeigen möchtest. Nutze nach Möglichkeit eine separate E-Mail-Adresse für Dating-Apps, um deine Privatsphäre zusätzlich zu schützen.

Melde verdächtiges Verhalten

Solltest du jemals das Gefühl haben, dass jemand sich seltsam verhält oder dir gegenüber respektlos ist, zögere nicht, den

Vorfall in der App zu melden. Die meisten Plattformen haben Funktionen, mit denen du verdächtiges oder grenzüberschreitendes Verhalten melden kannst, damit die Community für alle sicher bleibt.

Learnings

- ✔ **Realistische Erwartungen setzen:** Nicht jedes erste Date muss wie in „La La Land" magisch und perfekt sein. Ein entspannter Kaffee oder ein Spaziergang sind ebenso großartige Optionen
- ✔ **Ungezwungene Atmosphäre schaffen:** Dates sollten locker und natürlich sein. Wähle einen Ort, an dem ihr euch beide wohlfühlen könnt
- ✔ **Flexibilität zeigen:** Lass Raum für Spontaneität und vermeide starre Vorstellungen vom „perfekten" Ablauf
- ✔ **Authentisch bleiben:** Sei du selbst und versuche nicht, eine idealisierte Version deiner Persönlichkeit zu präsentieren
- ✔ **Chemie erkunden:** Beobachte, ob die Dynamik zwischen euch passt – Humor, Interessen und Kommunikation sind entscheidend
- ✔ **Klare Ziele setzen:** Überlege vorab, was du über dein Gegenüber herausfinden möchtest, aber ohne das Date wie ein Interview wirken zu lassen
- ✔ **Offen für Gespräche sein:** Stelle Fragen, die tiefer gehen können, aber respektiere auch Grenzen deines Dates

- ✔ **Kommunikation fördern:** Gespräche auf Augenhöhe sind wichtiger als Aktivitäten, die Kommunikation erschweren (z. B. Kino)
- ✔ **Locker mit Nervosität umgehen:** Ein bisschen Aufregung gehört dazu – konzentriere dich auf den Moment und genieße das Kennenlernen
- ✔ **Date in guter Stimmung beenden:** Verabschiede dich freundlich, unabhängig davon, wie das Date verlief, und zeige Wertschätzung für die gemeinsame Zeit
- ✔ **Sicherheit geht vor:** Wähle einen öffentlichen Ort für das Treffen und kommuniziere deinen Plan an Freund:innen, um ein sicheres Gefühl zu haben

Interview mit Jacqueline Siemsen

Beruf: Reality-TV-Star, Influencerin

Welche Informationen auf einem Dating-Profil sind für dich entscheidend, ihn zu matchen?

Für mich sind auf einem Dating-Profil vor allem zwei Dinge entscheidend. Erstens sollten die Bilder klar und gut erkennbar sein. Besonders wichtig ist mir, dass die Person auf den Fotos freundlich und offen wirkt, am besten durch ein Lächeln. Zweitens ist mir eine ausführliche Selbstbeschreibung wichtig. Es sollte etwas über die Charaktereigenschaften und Interessen der Person gesagt werden, damit man ein Gefühl dafür bekommt, wer sie wirklich ist. Ein origineller oder humorvoller Text als Icebreaker kann ebenfalls helfen, das Gespräch zu beginnen und Interesse zu wecken.

Was sind die größten Fehler, die Männer auf ihrem Dating-Profil machen?

Der größte Fehler, den Männer auf ihrem Dating-Profil machen können, ist, sich auf das Profilbild der Frau zu beziehen und ihr unaufgefordert Komplimente über ihr Aussehen zu machen. In den meisten Fällen wissen Frauen bereits, dass sie hübsch sind, und solche Kommentare wirken oft unoriginell oder flach. Besser ist es, sich auf interessante Details oder gemeinsame Interessen zu konzentrieren, um wirkliches Interesse zu zeigen.

Was bedeutet für dich Dating auf Augenhöhe?

Für mich bedeutet Dating auf Augenhöhe, dass beide Partner ähnliche Interessen und Erfahrungen teilen und einen vergleichbaren Lebensstandard haben. Es ist wichtig, dass man sich über gemeinsame Ziele und Werte einig ist. Zum Beispiel wäre es für mich schwierig, mich mit jemandem zu verbinden, der nicht viel gereist ist oder eine andere Lebensperspektive hat als ich. Auch die Eigenständigkeit des Partners spielt eine große Rolle. Wenn jemand selbstständig ist und die Anforderungen einer Karriere versteht, kann das Verständnis für die eigenen beruflichen Verpflichtungen verbessern. Insgesamt geht es darum, auf einer gleichen Ebene zu kommunizieren und ähnliche Vorstellungen vom Leben zu haben.

Was sind für dich die größten No-Gos bei einem ersten Date, und wie sollten Männer diese vermeiden?

Die größten No-Gos bei einem ersten Date sind für mich, wenn das Gespräch sehr oberflächlich bleibt und keine Tiefe hat. Es ist wichtig, dass man sich über Themen austauschen kann, die über das bloße Smalltalk-Niveau hinausgehen. Ein Gespräch mit mehr Tiefgang, das intellektuelle und emotionale Intelligenz zeigt, ist viel ansprechender.

Männer sollten also vermeiden, sich nur auf oberflächliche Themen zu konzentrieren oder nur über triviale Dinge zu plaudern. Stattdessen sollten sie versuchen, interessante und bedeutungsvolle Gespräche zu führen, die zeigen, dass sie sich wirklich für die andere Person interessieren und auf einer tieferen Ebene kommunizieren können.

Mehr Antworten von Jacqueline liest du hier:

Interview mit Florentine Osche

Beruf: Comedienne

Wie beeinflusst dein Beruf als Comedienne dein Dating-Leben? – Wird Humor für dich schnell zur Schutzmauer oder öffnet er Türen?

Ich war bisher in zwei Beziehungen (beide Männer waren aus meinem Umfeld) und war zwischen diesen Partnerschaften auf nur einem anderen Date. Deshalb habe ich nicht so viel Dating-Erfahrung. Ich merke, dass mich mein Beruf insgesamt viel selbstbewusster fühlen lässt. Früher war ich extrem schüchtern und jetzt habe ich kein Problem damit, offen auf Leute zuzugehen. Ich habe allerdings noch nie 'nen Typen angesprochen, weil ich nicht so der Mensch bin, der über Optik funktioniert. Meistens kommt Interesse erst dann auf, wenn ich bereits ein paar Worte mit demjenigen gewechselt habe und dann kommt es automatisch zu diesem „lass gerne in Kontakt bleiben", wenn der Vibe stimmt. Ich habe mir eine Art „oberflächlichen Humor" antrainiert. Ich kann Menschen gut lesen und bin gut im Training bzgl. Schlagfertigkeit. Ich glaube, das öffnet mir schon Türen, weil es Lockerheit reinbringt und Lachen sowieso verbindet. Wenn man mich richtig kennenlernt, lernt man allerdings gleichzeitig auch nochmal 'ne ganz andere Humorseite an mir kennen, die mich verletzlicher fühlen lässt. Das dauert allerdings. Also ja, sowohl Türöffner als auch Schutzmauer.

Hast du schon mal erlebt, dass sich jemand wegen deines Berufs eingeschüchtert fühlte oder sich in eine Rolle gezwungen fühlte, die ihm nicht entspricht?

Nicht wirklich. Es gibt ’ne handvoll Momente, in denen Leute so getan haben, als wäre ich irgendjemand krass Bekanntes. Das schmeichelt mir zwar irgendwo, aber vor allem überfordert es mich, weil sie ja dann scheinbar schon ein Bild von mir im Kopf haben und du kennst nicht einmal deren Namen. Es ist ein komisches Ungleichgewicht an Infos, was ich dann schnellstmöglich ausgleichen will, was aber ziemlich schwer und manchmal auch anstrengend ist. Es schafft auch in gewisser Weise das „Machtgefälle“, wodurch es sich in den Momenten nicht auf Augenhöhe anfühlt.

Wie wichtig ist dir die Gleichberechtigung bei einem Date, z. B. bei der Wahl des Ortes oder bei der Bezahlung?

Gleichberechtigung ist IMMER wichtig. Allerdings bedeutet Gleichberechtigung für mich nicht immer 50/50, sondern dass jeder eben das gibt, womit er sich wohlfühlt und womit es unterm Strich fair bleibt. Ich übernehme gerne die Rechnung. Auch gerne zwei Mal oder drei Mal hintereinander. Aber ich erwarte ab irgendeinem Punkt auch die Initiative vom Anderen. Wenn die nicht kommt, sagt das sehr viel aus und ist für mich mega der Abturn. Genauso schlimm finde ich es aber auch, wenn der andere bis aufs Messer diskutiert und die Einladung nicht annehmen kann. Auch da gilt für mich wieder: die Situation richtig lesen und dann entweder annehmen oder einladen. Mit der Ortswahl genau das Gleiche, nur dass da für mich als Frau noch die Sicherheitskomponente mit reinspielt.

Mehr Antworten von Florentine liest du hier:

Story Time mit “Elisa“

Möchte anonym bleiben

Es war ein ruhiges Wochenende in Hamburg, an dem nicht viel los war. Meine Freunde hatten bereits Pläne, und ich war irgendwie der einzige Mensch ohne Programm für den Samstagabend. Also scrollte ich am Vormittag ein bisschen aus Langeweile durch Bumble, schaute, welche Männer so unterwegs waren, und hatte schließlich ein Match mit einem Mann, der mir auf den ersten Blick interessant erschien.

Wir schrieben ein wenig hin und her, und ich erwähnte nebenbei, dass ich Sushi total liebe. Keine zwei Minuten später fragte er, ob ich Lust hätte, mit ihm Sushi essen zu gehen – und das noch am selben Abend. Da ich sowieso nichts vorhatte, sagte ich zu. Er schlug ein gehobenes Restaurant vor, das ich nicht kannte, aber ich ließ mich darauf ein.

Am Abend kam ich pünktlich an und musste nur kurz auf ihn warten. Als er dann auf mich zukam, wusste ich bereits in den ersten Sekunden: Er ist nicht mein Typ. Man spürt das ja oft recht schnell – ob man jemanden attraktiv findet oder ob da irgendeine Anziehung ist. Bei ihm war das leider nicht der Fall. Trotzdem wollte ich dem Abend eine Chance geben. Vielleicht würde sich mein erster Eindruck ja ändern.

Wir setzten uns, bestellten und unterhielten uns. Es war ein angenehmes Gespräch. Wir redeten über unsere Berufe, Hobbys, meine Katzen und seinen Sport. Alles in allem war es ein netter Abend, aber es entwickelte sich einfach kein romantisches Interesse an ihm.

Als wir fertig waren, fragte er mich, ob er mich einladen dürfe. Das brachte mich kurz ins Grübeln. Einerseits wusste ich, dass ich kein Interesse an ihm hatte, andererseits fühlte ich mich unwohl, das Angebot abzulehnen. Schließlich stimmte ich zu. Die Rechnung kam, und sie war nicht gerade niedrig – etwa 120 bis 130 Euro. Er hatte auch den Großteil des Essens gegessen, aber das änderte nichts an meinem unguten Gefühl.

Wir verabschiedeten uns höflich, ich bedankte mich für den Abend, und er schien zufrieden. Doch auf dem Heimweg fühlte ich mich irgendwie schlecht. Es war mir unangenehm, dass er so viel Geld für ein Date ausgegeben hatte, obwohl ich wusste, dass ich kein weiteres Treffen wollte. Kaum war ich zu Hause, schrieb er mir, dass ihm der Abend sehr gefallen hätte und er mich gern wiedersehen würde.

Mein Herz rutschte mir in die Hose. Das ungute Gefühl wurde stärker, und ich begann, mich zu fragen: Hätte ich mich überhaupt einladen lassen sollen? Hätte ich vielleicht direkt ehrlich sein müssen? Aber ich konnte diese Gedanken nicht wirklich abschütteln, besonders, als ich seine Nachricht las. Plötzlich hatte ich das Gefühl, als würde von mir erwartet, dass ich mich noch einmal mit ihm treffe – allein, weil er für den Abend bezahlt hatte.

Ghosting kam für mich nicht infrage – das entsprach einfach nicht meiner Art. Also entschloss ich mich, ehrlich zu sein. Ich schrieb ihm, dass ich den Abend wirklich schön fand, aber kein Interesse an einem weiteren Treffen habe. Ich erklärte auch, dass ich mich bei der Einladung unsicher gefühlt hätte und deshalb jetzt anbieten wolle, meinen Anteil an der Rechnung zu übernehmen.

Seine Reaktion ließ mich sprachlos zurück: Statt einer Antwort schickte er mir lediglich einen PayPal-Link. Keine Erklärung, kein Kommentar – einfach nur diese E-Mail-Adresse. Ich war schockiert. Diese kalte Art fühlte sich merkwürdig an, und für einen Moment fragte ich mich, ob ich irgendetwas falsch gemacht hatte. Ich schrieb zurück: „Vielen Dank für diese detailreiche Antwort.“ Daraufhin folgten genervte Nachrichten von ihm.

Er warf mir vor, ich hätte uns keine echte Chance gegeben, und meinte, ich könne doch gar nicht so schnell wissen, ob es etwas werden könnte. Seine Worte wurden immer pampiger, und irgendwann entschied ich, die Unterhaltung zu beenden. Ich überwies ihm meinen Anteil kommentarlos und löste das Match auf. Für mich war die Sache damit erledigt.

Was ich aus dieser Erfahrung mitgenommen habe: Man kann nicht erwarten, dass jemand ein zweites Date möchte, nur weil man die Rechnung übernimmt. Das ist keine Garantie für gegenseitiges Interesse oder Verbindlichkeit. Und wenn die andere Person dennoch ehrlich kommuniziert, sollte das respektiert werden.

9. KAPITEL

Red Flags erkennen: Frühzeitig Warnsignale beachten

„Ich bin kein kluger Mann, Jenny, aber ich weiß was Liebe ist."

- Tom Hanks als Forrest Gump in „Forrest Gump"

Gerade im Online-Dating ist es wichtig, aufmerksam zu sein und auf Warnsignale zu achten, die auf problematische Verhaltensweisen oder mögliche Unvereinbarkeiten hindeuten. Diese sogenannten „Red Flags“ sind nicht dazu da, dich zu verunsichern, sondern helfen dir, rechtzeitig Grenzen zu setzen und deine eigenen Bedürfnisse zu schützen. Manchmal zeigen sie sich direkt in Nachrichten und Gesprächen, manchmal erst nach ein paar Treffen. Das Wichtigste ist, sie ernst zu nehmen und dich selbst an erste Stelle zu setzen.

Übermäßige Eile und Druck ausüben

Ein häufiges Warnsignal ist, wenn dein Gegenüber von Anfang an viel zu schnell voranschreiten möchte. Das kann sich in überstürzten Liebeserklärungen, Versprechungen oder einem ständigen Bedürfnis nach Nähe äußern. Wenn du das Gefühl hast, jemand will die Beziehung beschleunigen, ohne dass ihr euch wirklich kennt, lohnt es sich, vorsichtig zu sein. Gesunde Verbindungen brauchen Zeit, um zu wachsen. Lass dir nicht das Gefühl geben, dass du unter Druck stehst, direkt intensive Gefühle zu erwidern.

Kontrollverhalten und Eifersucht

Ein weiteres Warnzeichen ist, wenn dein:e Dating-Partner:in anfängt, dich schon früh zu kontrollieren oder eifersüchtig auf andere Kontakte zu reagieren. Das kann harmlos beginnen, etwa durch ständige Fragen darüber, was du gerade machst, oder durch subtile Kritik an deinen Freundschaften oder Hobbys. Eifersucht und Kontrollbedürfnis sind keine Anzeichen für Liebe, sondern meist Ausdruck von Unsicherheit und Besitzdenken. In einer respektvollen Beziehung akzeptieren beide ihre Unabhängigkeit und vertrauen sich, ohne ständig nach Kontrolle zu streben.

Fehlender Respekt für Grenzen

Achte darauf, wie dein Gegenüber auf deine Grenzen reagiert. Ein gesundes Kennenlernen basiert auf gegenseitigem Respekt, und dazu gehört auch, die Grenzen der anderen Person zu respektieren. Wenn du zum Beispiel mal eine Nachricht später beantwortest oder dir Zeit für deine eigenen Interessen und Freund:innen nimmst, sollte das problemlos akzeptiert werden. Menschen, die Grenzen wiederholt missachten oder dich unter Druck setzen, könnten in einer Beziehung ebenfalls Schwierigkeiten haben, deinen Freiraum zu respektieren.

Unehrlichkeit und Widersprüche

Ein weiteres Alarmsignal sind widersprüchliche Aussagen oder das Gefühl, dass jemand nicht ganz ehrlich zu dir ist. Vielleicht bemerkst du, dass kleine Details nicht zusammenpassen oder dir Informationen verschwiegen werden. Ehrlichkeit und Offenheit sind die Basis für Vertrauen. Wenn du früh merkst, dass du immer wieder unsichere oder widersprüchliche Informationen erhältst, ist das ein Zeichen, vorsichtig zu sein und die Situation genauer zu beobachten.

Opferrolle und fehlende Eigenverantwortung

Ein häufiges, weniger offensichtliches Warnsignal ist, wenn jemand sich ständig als Opfer darstellt und anderen die Schuld für die eigenen Probleme gibt. Vielleicht hört sich das erstmal harmlos an, doch Menschen, die kaum Eigenverantwortung übernehmen, können auch in Beziehungen oft Erwartungen und Lasten auf den/die Partner:in abwälzen. Ein Mensch, der Verantwortung für sich und sein Leben übernimmt, wird dir auch in einer Beziehung auf Augenhöhe begegnen.

Übertriebene Kritik und Negativität

Achte darauf, wie positiv oder negativ dein Gegenüber eingestellt ist – besonders in deiner Gegenwart. Menschen, die schnell kritisch oder abwertend werden, können dich oft mit der Zeit emotional auslaugen. Ein respektvoller Mensch zeigt Interesse an dir und deinen Ansichten, ohne dich von oben herab zu kritisieren. Wer stattdessen eher negativ eingestellt ist, neigt oft dazu, Probleme auf andere abzuwälzen und unzufrieden zu sein.

Achte auf dein Bauchgefühl

Das vielleicht wichtigste Warnsignal ist dein eigenes Bauchgefühl. Wenn du ein ungutes Gefühl hast oder merkst, dass etwas nicht stimmt, dann nimm dieses Gefühl ernst. Oft spüren wir intuitiv, ob uns eine Situation guttut oder nicht. Erlaube dir, deinem Instinkt zu vertrauen, und gib dir die Erlaubnis, auch mal „Nein" zu sagen oder auf Abstand zu gehen.

Zusammengefasst: Das Erkennen von Red Flags im Dating-Prozess hilft dir, deine emotionalen Grenzen zu schützen und unnötigen Belastungen vorzubeugen. Achte darauf, wie respektvoll dein Gegenüber ist, und nimm dir die Freiheit, auf Warnsignale zu reagieren, statt sie zu übergehen. Du verdienst eine Verbindung, die auf Augenhöhe und gegenseitigem Respekt basiert – und das ist immer wichtiger, als „nett sein" oder über kleine Bedenken hinwegzusehen.

Interview mit Yma Louisa Nowak

Beruf: Influencerin, OnlyFans-Creatorin

Welche Informationen auf einem Dating-Profil sind für dich entscheidend, um zu matchen?

Beim Dating-Profil zählt der erste Eindruck besonders. Jede Person, die behauptet, nicht auf die Bilder zu achten, lügt, denn sie sind entscheidend für den ersten Eindruck. Ich schaue mir zuerst die Bilder an: Wie gepflegt wirkt die Person? Welchen Stil hat sie? Lächelt sie? Diese Details geben mir einen ersten Eindruck vom Vibe und den Hobbys der Person. Wenn die Bilder überzeugen, lese ich die Profilbeschreibung und die Antworten auf Fragen wie Größe, Sternzeichen und politische Einstellung. Ein wichtiger Punkt: Ich achte darauf, ob ich zuerst geliked wurde. Ein besonderes Interesse erkenne ich oft an einem Super-Like oder einer Rose. Zum Beispiel hat mein Freund mir auf Hinge eine Rose geschickt, was seine besondere Aufmerksamkeit zeigte und einen guten ersten Eindruck machte. Insgesamt sind für mich Interesse zeigen, der erste Eindruck und relevante Angaben wichtig – letztlich zählt aber die Chemie.

Was bedeutet für dich Dating auf Augenhöhe?

Ich strebe kein klassisches Dating auf Augenhöhe an. Mir ist wichtig, einen Partner zu haben, zu dem ich aufschauen kann, der mehr verdient, intelligenter ist und mehr weiß. Unterschiede in einer Beziehung bereichern diese für mich. Nicht auf Augenhöhe bedeutet für mich nicht weniger Wert, sondern Ergänzung.

Was sind die größten Fehler, die Männer auf ihrem Dating-Profil machen?

Der größte Fehler bei Dating-Profilen ist oft die Wahl von Bildern, die nicht dem echten Aussehen entsprechen. Männer sehen auf Fotos häufig ganz anders aus als in Wirklichkeit – und meist nicht im positiven Sinne. Während viele Frauen auf Bildern besser aussehen, haben Männer oft Schwierigkeiten, gute Fotos von sich zu machen. Ein Freund von mir, der in Wirklichkeit sehr attraktiv ist, hat zum Beispiel Fotos, die ihm überhaupt nicht gerecht werden. Das gleiche Problem sieht man manchmal auch bei Lieferdiensten, wo Fotos stark von der Realität abweichen. Männer sollten daher gute Fotos machen lassen, idealerweise von Freundinnen oder Fotografen, um Missverständnisse zu vermeiden.

Welche Art von Nachrichten empfindest du als respektvoll und welche als unangemessen?

Respektvolle Nachrichten zeigen echtes Interesse, wenn sie auf mein Profil eingehen, wie z. B. Fragen zu meinem Hund oder meiner Hunderasse. Ich schätze es, wenn Nachrichten individuell und nicht generisch sind, wie „Hey, wie geht's?“ oder ein Anmachspruch. Humorvolle Gesprächseinstiege sind willkommen, solange sie durchdacht sind und den anderen als Mensch wahrnehmen. Es ist wichtig, die Zeit des Gegenübers zu respektieren. Unangemessen sind rassistische oder sexistische Kommentare, wie Fragen zu meiner Herkunft oder Bemerkungen über meinen Körper. Solche oberflächlichen und übergriffigen Aussagen haben in einer respektvollen Konversation nichts zu suchen.

Mehr Antworten von Yma Louisa liest du hier:

Interview mit Kristina Fixemer

Beruf: Radiomoderatorin, Influencerin

Gibt es bestimmte Verhaltensweisen oder Red Flags, die dir zeigen, dass jemand nicht auf Augenhöhe mit dir kommuniziert?

Ich habe vor einer Weile einen sehr reichen und bekannten Mann gedatet. Ich war an seiner Person und nicht an seinem Geld interessiert. Ich denke jedoch, dass er durch seine Erfahrung mit der Außenwelt das auf mich projiziert hat. Anfangs war er liebevoll und unterstützend und ich dachte: Wow – endlich jemand, der reif ist und mit dem ich wachsen kann. Er war aber wohl auch gewohnt, alles zu bekommen, was er möchte. Er fragte mich nämlich eines Tages, ob ich ihm Nacktbilder schicke und ich sagte NEIN. Daraufhin wünschte er mir noch ein schönes Leben, obwohl wir uns seit über zwei Monaten schon getroffen hatten und es auf eine Beziehung hinauslaufen sollte. Das war für mich ein ganz klares Zeichen dafür, dass er in seinem Ego war und mich als Frau nicht genügend respektiert hat. Und somit keine Beziehung für mich in Frage kam.

Grundsätzlich gibt es für mich die Standard-Regel: Wenn er will, dann würde er. Wenn Männer wirklich interessiert sind, dann jagen sie. Wenn er ein guter Mann ist, wird er dich als Bereicherung für sein Leben erkennen, anstatt dich für dein Ego zu benutzen. Er wird dich und deine Grenzen respektieren, sich bei dir melden, für dich da sein und dich in seinen Fokus stellen.

Wie wichtig ist dir die Exklusivität von Raya beim Dating? Glaubst du, das verändert die Dynamik, wie Menschen auf der App miteinander umgehen?

Ich denke, man ist doch eher vorsichtiger mit so manch Anmachsprüchen, wenn man weiß, dass die Person in der Öffentlichkeit steht oder eine hohe Position besetzt. Man darf auch keine Screenshots machen, sonst wird man abgemahnt.

Was sind für dich die größten Herausforderungen dabei, jemanden zu finden, der wirklich auf Augenhöhe ist?

Ich bin eine sehr ehrgeizige Frau, die ihre Meinung offen ausspricht und weiß, was sie will, und was sie eben nicht will. Das hat viele – unreife – Männer, die nicht in ihrer Männlichkeit angekommen sind, abgeschreckt. Das ist auch gut so. Meinem aktuellen Partner hat das im Gegenteil sehr gefallen. Weil er aber wiederum keine Angst vor einer starken Frau hat und sich nicht in seinem Ego bedroht fühlt, wenn ich Recht habe oder Dinge besser weiß. Viele Männer da draußen haben genau dieses Problem: Sie wollen dominieren, aber haben nicht gelernt, wie sie es in Verbindung mit Integrität tun können. Viele denken, dass ihnen die Dominanz zusteht durch ihr Geschlecht, und sie sich somit in ihrer Männlichkeit befinden. Aber diese Art von „Männlichkeit“ ist sehr fragil, denn ihr Treiber ist das Ego und nicht die Verbindung zur Partnerin. Echte Männlichkeit führt mit Liebe, Respekt und Verstand und ist an allem interessiert, was die Verbindung zwischen Mann und Frau stärkt.

Mehr Antworten von Kristina liest du hier:

Interview mit Clara Stocker

Beruf: Influencerin

Was bedeutet für dich Dating auf Augenhöhe?

Für mich bedeutet Dating auf Augenhöhe, dass man als Team zusammenarbeitet und nicht gegeneinander agiert. Es geht nicht darum, den Partner nur an Tagen zu sehen, an denen es einem selbst gut geht, sondern darum, gemeinsam Dinge zu planen und Herausforderungen anzugehen. Wichtig ist, dass man nicht nur mit Erwartungen in die Beziehung geht, sondern auch gemeinsame Gesprächsthemen hat. Es ist entscheidend, den anderen zu respektieren und seine Fähigkeiten wertzuschätzen. Darüber hinaus heißt für mich Dating auf Augenhöhe auch, dass man offen über alles kommuniziert und nichts verschweigt – egal, ob es peinlich ist oder nicht. Man sollte ein Gefühl von Sicherheit haben, also genau wissen, wo man steht. Diese Unsicherheiten, wie „Mag er mich?“ oder „Will er mich sehen?“, sollten nicht vorhanden sein. Stattdessen wünsche ich mir, dass klar kommuniziert wird, was wir voneinander wollen und wie die Situation aussieht.

Auf Instagram klärst du zum Thema Essstörungen auf. Wie offen gehst du mit deiner Essstörung bei einem Date um?

Ich habe mein Instagram-Profil auf allen Dating-Apps verlinkt und wechsle oft von den Apps zu Instagram, da ich meine Telefonnummer nicht sofort herausgebe. Dadurch ist das Thema von Anfang an kein Geheimnis. Wenn jemand Fragen dazu hat, kann man sie mir gerne stellen. Für mich ist das ein Teil von mir, an dem ich arbeite, und ich mache daraus kein Geheimnis.

Wie reagieren Männer, wenn du offen über deine Herausforderungen sprichst?

Eigentlich reagieren die meisten Männer ganz entspannt. Manchmal fragen sie nach, aber es wird selten als problematisch angesehen. Wenn ich meine Herausforderungen in Bezug auf das Essen anspreche, kommt es selten zu negativen Reaktionen. Beim Essengehen gab es bisher auch nie blöde Sprüche – außer von meinem ersten Freund, der war in dieser Hinsicht ziemlich verrückt.

Sind schon Dates oder Beziehungen an deiner Essstörung gescheitert?

Ja, sowohl Dates als auch intime und freundschaftliche Beziehungen sind schon an meiner Essstörung gescheitert. Ich muss aber ehrlich zugeben, dass ich das mittlerweile nicht mehr so stark wahrnehme, weil ich mit 14 in diese Situation hineingeraten bin – das sind inzwischen schon zwölf Jahre. Früher ist mir das viel bewusster aufgefallen. Heute verstehe ich, dass nicht jeder damit umgehen kann, denn es ist eine Belastung. Ich glaube aber auch, dass viele nicht wirklich verstehen, wie schwerwiegend das Ganze ist, und es deshalb nicht richtig wahrnehmen. Oft scheitern Beziehungen auch daran, dass ich durch das Untergewicht einfach nicht die Energie oder den Kopf für die Beziehung habe.

Mehr Antworten von Clara liest du hier:

10. KAPITEL

Fernbeziehung: Liebe auf Distanz meistern

Eine Fernbeziehung kann aufregend und voller Sehnsucht sein, aber auch Herausforderungen mit sich bringen. Viele Menschen lernen sich heute online kennen und verlieben sich, bevor sie überhaupt die Möglichkeit haben, regelmäßig Zeit miteinander zu verbringen. Eine Beziehung auf Distanz erfordert oft besondere Strategien, Geduld und klare Kommunikation, damit sie auf Dauer glücklich und stabil bleibt. Hier sind einige Tipps, wie du und dein:e Partner:in eure Liebe über die Entfernung hinweg pflegen könnt.

Klare Kommunikation und Verlässlichkeit

Kommunikation ist in jeder Beziehung wichtig, aber in einer Fernbeziehung ist sie entscheidend. Da ihr euch nicht täglich seht, sind gemeinsame Absprachen und eine verlässliche Kommunikation ein Muss. Sprecht über eure Bedürfnisse und Erwartungen, um Missverständnissen vorzubeugen. Findet heraus, wie oft ihr telefonieren oder euch schreiben möchtet, und seid offen dafür, eure Wünsche regelmäßig anzupassen. Wichtig ist, dass ihr euch aufeinander verlassen könnt und wisst, dass ihr euch für den anderen Zeit nehmt.

Gemeinsame Ziele setzen

Eine Fernbeziehung funktioniert besser, wenn ihr gemeinsame Ziele habt und wisst, dass die Distanz nur vorübergehend ist – oder ihr euch auch auf lange Sicht diese Situation vorstellen könnt. Überlegt euch, wie eure Zukunft aussehen könnte, und sprecht über eure Pläne. Vielleicht könnt ihr euch vorstellen, eines Tages zusammenzuziehen oder öfter gemeinsame Reisen zu machen. Diese Ziele geben eurer Beziehung Struktur und helfen euch, die Zeit der Trennung leichter zu überstehen, weil ihr wisst, dass ihr auf etwas Gemeinsames hinarbeitet.

Quality Time trotz Distanz

Auch wenn ihr euch nicht regelmäßig sehen könnt, ist es wichtig, bewusste Zeit füreinander einzuplanen. Das kann ein Video-Call sein, bei dem ihr zusammen kocht, Filme schaut oder einfach entspannt redet. Kreativität ist hier gefragt: Spielt gemeinsam online, plant einen „virtuellen Date-Abend" oder macht sogar gleichzeitig Sport über Video. Solche gemeinsamen Momente schaffen Erinnerungen und bringen euch auch auf Distanz emotional näher.

Vertrauen aufbauen und pflegen

Fernbeziehungen können das Vertrauen auf eine harte Probe stellen. Gerade, wenn ihr nicht ständig in der Nähe seid, ist es wichtig, sich gegenseitig Vertrauen entgegenzubringen. Versuche, Eifersucht und Unsicherheiten zu vermeiden, indem du offen über deine Gefühle sprichst und auch der anderen Person den Raum gibst, ehrlich zu sein. Vertrauen ist die Basis jeder Beziehung – und in einer Fernbeziehung noch einmal mehr.

Kleine Überraschungen und Gesten der Zuneigung

Überraschungen und kleine Aufmerksamkeiten zeigen, dass du an sie oder ihn denkst und wertschätzt. Das können liebevolle Nachrichten, ein handgeschriebener Brief oder ein kleines Paket sein, das unerwartet ankommt. Solche Gesten halten die Romantik und das Gefühl der Nähe lebendig, auch wenn ihr euch nicht jeden Tag sehen könnt. Es sind oft die kleinen Dinge, die zeigen, wie wichtig euch die andere Person ist.

Den Umgang mit Sehnsucht und Einsamkeit lernen

Es ist normal, dass man sich in einer Fernbeziehung manchmal einsam fühlt oder die Nähe besonders vermisst. Wichtig ist, diese Gefühle anzunehmen und einen Umgang damit zu finden. Finde Wege, um die Zeit allein positiv zu verbringen – pflege Freundschaften, verfolge deine Hobbys und setze dir persönliche Ziele. So bleibst du ausgeglichen und kannst die Zeit des Alleinseins gut für dich nutzen, ohne zu sehr in die Sehnsucht zu geraten.

Regelmäßige Besuche und Treffen planen

So oft es möglich ist, solltet ihr euch in der realen Welt treffen. Diese Besuche geben eurer Beziehung neue Energie und schaffen gemeinsame Erinnerungen. Plant diese Treffen im Voraus, damit ihr euch darauf freuen könnt, und genießt die Zeit in vollen Zügen, ohne zu viel Druck aufzubauen. Eine Fernbeziehung lebt davon, dass ihr euch regelmäßig seht und die Distanz zumindest für ein paar Tage überbrückt.

Flexibilität und Geduld bewahren

Fernbeziehungen fordern Geduld und Anpassungsfähigkeit. Manchmal wird sich das Leben in den Weg stellen – sei es durch Arbeit, Verpflichtungen oder unerwartete Ereignisse. Bleibt flexibel und seid bereit, Pläne auch mal spontan anzupassen. Eine gute Portion Gelassenheit und Verständnis füreinander helfen euch, auch in stressigen Phasen gut durch die Distanz zu kommen.

Zusammengefasst: Eine Fernbeziehung erfordert Einsatz und eine klare Kommunikation, aber sie kann eine bereichernde und erfüllende Erfahrung sein. Mit gemeinsamen Zielen, Vertrauen und liebevollen Gesten könnt ihr die Distanz überbrücken und euch emotional nah bleiben. Die Zeit, die ihr trotz der Entfernung für einander investiert, schafft eine starke Basis, die eure Liebe auch über viele Kilometer hinweg tragen kann.

Learnings

- ✔ **Kommunikation ist der Schlüssel:** Klare und offene Kommunikation ist essenziell, um Missverständnisse zu vermeiden. Verlässlichkeit in Absprachen schafft Vertrauen und stärkt die Beziehung
- ✔ **Gemeinsame Ziele definieren:** Eine Fernbeziehung funktioniert besser, wenn beide Partner:innen auf gemeinsame Zukunftspläne hinarbeiten. Die Aussicht auf das Zusammenziehen oder regelmäßige Treffen gibt Struktur und Perspektive
- ✔ **Kreative Qualitytime:** Gemeinsame virtuelle Aktivitäten wie Kochabende, Filme oder Spiele schaffen Nähe trotz Distanz. Solche Rituale helfen, die emotionale Verbindung zu stärken
- ✔ **Vertrauen aufbauen und erhalten:** Gegenseitiges Vertrauen ist die Basis jeder Beziehung, besonders bei räumlicher Trennung. Offenheit und Raum für ehrliche Gespräche minimieren Unsicherheiten
- ✔ **Überraschungen und kleine Gesten:** Unerwartete liebevolle Nachrichten, Geschenke oder Briefe halten die Romantik lebendig. Solche Gesten zeigen Wertschätzung und erhalten die Nähe im Alltag

- ✔ **Umgang mit Sehnsucht:** Akzeptiere das Gefühl und finde Wege, diese Zeit für dich positiv zu nutzen. Persönliche Ziele, Hobbys und soziale Kontakte helfen, die Balance zu bewahren
- ✔ **Regelmäßige Treffen planen:** Persönliche Besuche sind wichtig, um die Beziehung zu stärken und neue Energie zu tanken. Die Vorfreude auf diese Momente schafft Motivation, die Distanz zu überbrücken
- ✔ **Flexibilität und Geduld:** Die Fähigkeit, sich an unerwartete Veränderungen anzupassen, ist entscheidend. Geduld und Gelassenheit fördern das Verständnis füreinander und erleichtern die Bewältigung von Herausforderungen

Interview mit Charleen Herzig

Beruf: Model

In der Modebranche spielt das Äußere eine große Rolle. Wie wichtig ist dir das Äußere deines Partners im Vergleich zu inneren Werten und einer gleichberechtigten Partnerschaft?

Das Äußere ist mir auf jeden Fall wichtig, da eine äußerliche Attraktivität und Anziehung meiner Meinung nach eine größere Rolle spielt, als sich manche eingestehen. Die inneren Werte sind jedoch viel wichtiger und ein schöner Charakter oder Werte können einen Menschen auch äußerlich attraktiver wirken lassen, einfach weil eine grundsätzliche Anziehung mit dieser Person verbunden wird. Andererseits kann eine Person noch so gutaussehend sein, wenn die inneren Werte nicht stimmen, ist sie für mich völlig uninteressant und verliert jegliche Attraktivität. Ich halte das Äußere einer Person für sehr wichtig. Einerseits sagen etwa Hygiene oder Kleidungsstil viel über einen Menschen aus und andererseits ist die Anziehung einfach stärker, wenn der Partner bestimmte äußerliche Eigenschaften mitbringt, die man selbst attraktiv findet. Ich finde es schön, wenn Partner optisch zueinander passen. Manchmal sieht man Pärchen schon aus der Ferne an, dass sie auf einer Welle reiten, weil sie optisch sehr zueinander passen. Sie sind aufeinander abgestimmt durch „matching Outfits" mit gleichem Kleidungsstil oder Farben, das finde ich immer sehr süß. Gleichberechtigung sollte absolut nichts mit äußeren Merkmalen zu tun haben. Wenn mein Partner optisch zu mir passt, habe ich aber irgendwie ein Gefühl, ein Team zu sein.

Was bedeutet für dich persönlich Dating auf Augenhöhe?

Dating auf Augenhöhe bedeutet für mich respektvoll und wertschätzend mit dem Partner umzugehen und ihn nicht anders zu behandeln, weil er ein anderes Umfeld, Gehalt, Wohnung oder was auch immer hat. Es bedeutet den Partner als Person wahrzunehmen, ohne äußere Einflüsse. Und irgendwo auch ein bisschen „wie du mir, so ich dir". Man sollte keine Dinge tun oder sagen, die man verurteilen würde, wenn der Partner es tun würde.

Wie beeinflusst die öffentliche Wahrnehmung und dein Bekanntheitsgrad dein Dating-Leben? Hast du das Gefühl, dass es schwerer ist, authentische Verbindungen aufzubauen?

Bisher ist es zwar nicht schwieriger, authentische Verbindungen aufzubauen, aber oft weiß mein Gegenüber schon Dinge über mich, die ich auf Social Media geteilt habe. Es gab Situationen, wo ich etwas von mir erzählt habe und dann hieß es: „Ah ja, ich habe das Video dazu gesehen." Ich finde es immer besser, wenn die erste Begegnung stattfindet, ohne dass die Person mein Social Media kennt, damit sie sich ihren Eindruck von mir persönlich machen kann und nicht vorher durch mein Social Media beeinflusst wird. Ich möchte als Mensch kennengelernt werden und nicht vorher schon, wenn auch unbewusst, in eine Schublade gesteckt werden. Andererseits beeinflusst es mein Dating-Leben in dem Sinne, dass sich viele Männer durch mein Social Media zu mir hingezogen fühlen. Es ist der klassische Effekt, dass sie eine Connection verspüren und denken, dass sie mich kennen, weil sie täglich Snippets von mir auf Social Media sehen.

Mehr Antworten von Charleen liest du hier:

Story Time mit Laura Amelie Wellm

Bekannt aus Social Media

Beim Online-Dating erlebt man ja so einiges, und ich hatte kürzlich ein Date, das wirklich wie aus dem Bilderbuch begann. Er war aufmerksam, höflich – nicht nur zu mir, sondern auch zu den Menschen um uns herum – und sogar ziemlich charmant. Er holte mich ab, brachte mich sicher zum Restaurant, und die Stimmung war von Anfang an locker und humorvoll. Wir führten ein tolles Gespräch, bei dem ich ganz ich selbst sein konnte. Alles schien perfekt.

Doch auf dem Rückweg vom Restaurant änderte sich die Situation leider. Er wurde plötzlich ziemlich aufdringlich und suchte ständig Körperkontakt. Ich habe ihm mehrmals deutlich gemacht, dass ich diese übergriffige Annäherung nicht möchte, doch er wollte es einfach nicht verstehen und nicht akzeptieren. Als wir schließlich in seinem Auto vor meiner Haustür ankamen, ging er dann noch einen Schritt weiter und überschritt einige klare Grenzen. Ich machte ihm deutlich, dass ich das nicht möchte, und verließ enttäuscht und eilig das Auto. Kurze Zeit später bekam ich dann einige anzügliche Nachrichten, die für mich das letzte Zeichen waren, dass es wohl besser wäre, den Kontakt abzubrechen.

Diese negative Erfahrung hat mir einmal mehr gezeigt, wie wichtig es ist, auf die eigenen Grenzen zu achten und sich niemals übergriffig behandeln zu lassen, selbst wenn der erste Eindruck noch so positiv ist.

Interview mit Micha Fritz

Beruf: Aktivist, Co-Founder Viva con Agua e.V.

Wie definierst du Augenhöhe in Bezug auf die Beziehung mit deiner Frau?

Augenhöhe ist für mich ein schwieriges Konzept, das oft idealisiert wird, in der Realität aber selten vollständig erreichbar ist. Meine Sicht darauf ist stark von meiner Arbeit in der Entwicklungszusammenarbeit geprägt, wo Augenhöhe ein häufig verwendetes Schlagwort ist, das jedoch oft nicht gelebt werden kann – beispielsweise durch strukturelle Unterschiede wie ökonomische Ungleichheit. Auch in unserer Beziehung gibt es solche Unterschiede. Ich komme aus einem finanziell gut gestellten Haushalt und musste mir nie Sorgen ums Geld machen. Meine Frau hingegen hatte einen anderen finanziellen Background, wodurch sie in diesem Bereich ganz andere Erfahrungen gemacht hat.

Ein weiteres Beispiel ist die gesellschaftliche Wahrnehmung. Wenn ich beruflich auftrete und meine Kinder mitbringe, werde ich oft dafür gefeiert, wie modern und engagiert ich bin. Meine Frau hingegen würde in der gleichen Situation vermutlich als schlecht organisiert gelten. Solche strukturellen Unterschiede machen Augenhöhe im klassischen Sinne schwierig. Innerhalb unserer Beziehung versuchen wir dennoch, uns gleichberechtigt zu begegnen und ein gegenseitiges Verständnis zu schaffen. Das gelingt uns gut, aber es bleibt etwas, das wir aktiv gestalten müssen – vor allem, weil äußere Einflüsse und gesellschaftliche Normen oft gegen Augenhöhe arbeiten.

Welche Rolle spielen Machtstrukturen oder alte Geschlechterrollen in modernen Beziehungen, und wie hast du diese Themen für dich in der Ehe überwunden?

Die traditionellen Geschlechterrollen sind tief in uns verankert – geprägt durch 2000 Jahre patriarchalische Strukturen. Der erste Schritt ist, das anzuerkennen und zu reflektieren. Nur so können wir diese Rollenbilder langfristig überwinden.

Ich selbst konnte meine eigenen Rollenbilder nur hinterfragen und verändern, weil ich ein stark feministisches Umfeld hatte. Durch diese Frauen und ihre Perspektiven habe ich gelernt, mich mit meinen eigenen Sexismen und anderen Vorurteilen auseinanderzusetzen. Wer diesen Prozess nicht durchläuft, wird es schwer haben, alte Muster wirklich zu überwinden. Es erfordert Arbeit und Offenheit, aber es lohnt sich.

Wie kann man die Diskussion um Feminismus und Augenhöhe beim Dating für Männer attraktiver machen?

Beim Thema Feminismus geht es vor allem darum, klarzustellen, dass es kein nerviges Randthema ist. Es betrifft uns alle – schließlich haben wir alle Mütter, Schwestern, Tanten oder Großmütter. Es ist wichtig, mit gutem Beispiel voranzugehen und zu erkennen, dass auch Männer im Feminismus eine zentrale Rolle spielen. Es geht weniger darum, Feminismus für Männer attraktiver zu machen, sondern vielmehr, unsere Hausaufgaben zu machen. Wir müssen verstehen, was patriarchale Strukturen bedeuten, und erkennen, dass Feminismus auch für Männer eine Befreiung sein kann. Wenn wir uns von alten Rollenbildern lösen und uns weiterentwickeln, gewinnen wir alle – sowohl in Beziehungen als auch im täglichen Leben.

Mehr Antworten von Micha liest du hier:

11. KAPITEL

Dating-Mythen

„In Beziehungen geht es nicht nur darum, den richtigen Partner zu finden, sondern auch darum, der richtige Partner zu sein."

- Dr. Laura Berman

1. „Gegensätze ziehen sich an“

Fakt: Obwohl Unterschiede vor allem am Anfang spannend wirken können, zeigen Studien[31], dass langfristige Partnerschaften auf gemeinsamen Interessen und Werten aufbauen.

2. „Willst du gelten, mach dich selten“

Fakt: Taktische Spiele haben heute in der Dating-Welt nichts mehr zu suchen. Sich absichtlich rar zu machen, kann Missverständnisse entstehen lassen und passt nicht zu authentischem Dating.

3. „Eifersucht ist ein Zeichen von Liebe“

Fakt: Eifersucht deutet meist eher auf Unsicherheit oder mangelndes Vertrauen hin. Gesunde Beziehungen zeichnen sich durch Vertrauen und Kommunikation aus.

4. „Wenn es der/die Richtige ist, muss alles schön und einfach sein“

Fakt: Eine Beziehung erfordert Arbeit und das ständig. Ebenso wie Kompromisse, Kommunikation und immer wieder neue Herausforderungen. Dies bedeutet jedoch nicht, dass die Beziehung zum Scheitern verurteilt ist, entscheidend ist der Umgang damit.

5. „Hard-to-Get“ macht sexy

Fakt: Das Spiel, nicht direkt sein Interesse zu zeigen und nicht schnell zu haben zu sein, kann kurzfristig das Interesse erhöhen. Mittel- und langfristig sind jedoch Ehrlichkeit und Authentizität viel wichtiger. Dies bestätigen auch aktuelle Studien.[32]

6. „Frauen suchen nach finanzieller Sicherheit, Männer nach Attraktivität“

Fakt: Dieses Klischee ist veraltet und nicht mehr zeitgemäß. Aktuelle Studien[33] zeigen, dass Menschen vielfältige Kriterien bei der Partnerwahl berücksichtigen. Werte und emotionale Unterstützung sind den meisten Menschen am wichtigsten.

7. „Die Drei-Tage-Regel“

Fakt: Die Idee, drei Tage nach einem Date zu warten, bis man sich meldet, ist veraltet und schon lange nicht mehr angesagt. Ehrliche Kommunikation ist schöner und wichtiger als solche Taktiken.

Interview mit Naddy Bernhard

Beruf: Influencerin

Welche Art von Nachrichten empfindest du als respektvoll und welche als unangemessen, wenn du online angeschrieben wirst?

Ich werde tatsächlich oft auf Instagram angeschrieben, und da gibt es wirklich viele respektvolle und freundliche Nachrichten, wie zum Beispiel ein einfaches „Schönes Profil“ oder ein nettes Kompliment. Das finde ich völlig in Ordnung. Unangemessen wird es für mich, wenn Leute gleich mit Kosenamen wie „Mäuschen“ oder Ähnlichem daherkommen. Das empfinde ich als sehr respektlos. Ich bemühe mich immer, auf respektvolle Nachrichten höflich zu antworten und mich zu bedanken. Allerdings ist es oft so, dass man Beleidigungen zurückbekommt, wenn man höflich sagt, dass man kein Interesse hat. Das finde ich besonders unangemessen.

Welche Verhaltensweisen von Männern wirken auf dich abschreckend, bevor es überhaupt zu einem Date kommt?

Für mich ist es sehr abschreckend, wenn jemand zu sehr auf ein Date drängt, ohne dass von beiden Seiten ein gleiches Interesse besteht. Wenn nur eine Person den Druck macht, finde ich das ziemlich unangenehm. Ich erinnere mich auch an Situationen, in denen ich ein Date vereinbart hatte und die Person mir vorher schon Dinge wie Blumen oder Schokolade vor die Haustür gestellt hat. Das empfand ich als sehr aufdringlich und unangenehm.

Welche Informationen auf einem Dating-Profil sind für dich entscheidend, einen Mann zu matchen?

Tatsächlich hatte ich selbst nie ein Dating-Profil, aber wenn ich an die Profile meiner Freundinnen denke und mich in ihre Lage versetze, würde ich sagen, dass es vor allem die Bilder sind. Man entscheidet oft sehr schnell, indem man einfach weiterwischt, ohne sich groß mit dem Text darunter zu beschäftigen. Daher würde ich sagen, dass die Bilder der wichtigste Entscheidungsfaktor sind.

Was sind die größten Fehler, die Männer auf ihrem Dating-Profil machen?

Ein großer Fehler ist, Dinge anzugeben, die nicht wirklich der Wahrheit entsprechen – zum Beispiel, dass man auf der Suche nach einer Beziehung ist, obwohl das eigentlich gar nicht stimmt. Außerdem höre ich oft von meinen Freundinnen, dass viele Männer nur Fotos mit Sonnenbrille posten, sodass man ihr Gesicht kaum richtig erkennen kann. Falsche Angaben oder unklare Fotos sind also definitiv häufige Fehler.

Was bedeutet für dich Dating auf Augenhöhe?

Dating auf Augenhöhe bedeutet für mich, dass von beiden Seiten eine gewisse Transparenz vorhanden ist. Es ist wichtig, offen darüber zu sprechen, was man will, was man vielleicht nicht will, und was man sucht. Auf Augenhöhe zu daten bedeutet, dass beide ehrlich und klar kommunizieren, welche Absichten sie haben und wohin das Ganze führen könnte. Es geht darum, dass beide Seiten die gleichen Erwartungen und Vorstellungen teilen.

**Mehr Antworten
von Naddy liest du hier:**

Story Time mit Sascha

Autor Swiping Love

Links, rechts, links, links, rechts. Gedankenverloren wischte ich auf Tinder hin und her, während ich abends entspannt auf dem Sofa lag. Links, rechts, rechts, links – und dann: Match mit Vanessa. Ende 20, sympathisches Lächeln, ein interessanter Text. Perfekt. Bis auf den kleinen Haken: 10.000 Kilometer Entfernung. Während ich in Hamburg saß und mein Radius auf 15 Kilometer eingestellt war, hatte ich plötzlich eine blonde Frau aus Singapur in meiner Match-Liste.

Neugierig schrieb ich sie an – und bekam prompt eine Antwort auf meine Nachricht und auf die Frage, wie dieses Match überhaupt zustande gekommen war. Die Lösung? Vanessa war erst vor wenigen Tagen von Hamburg nach Singapur gezogen. Sie arbeitete dort im Management einer internationalen Firma in der Gesundheitsbranche.

Unser Chat fühlte sich sofort locker und unkompliziert an: witzig, charmant, irgendwie auf einer Wellenlänge. Schnell entdeckten wir immer mehr Gemeinsamkeiten. Wir schrieben stundenlang, Tag für Tag, tauschten uns über alles Mögliche aus. Das Interesse wuchs und wir nutzten jede freie Minute für Nachrichten oder Telefonate. Aber die Distanz machte es kompliziert: Ihr nächster Besuch in Deutschland war erst in zwei Monaten geplant, und für mich war ein spontaner Flug nach Singapur schlicht nicht machbar.

Doch da war noch ein anderer Weg. Vanessas beste Freundin Melanie lebte ebenfalls in Hamburg. Kurzerhand beschlossen wir, dass ich Melanie treffen sollte – ein kleines „Background-Check-Date“, um sicherzugehen, dass ich kein Creep war. Vanessa schlug eine WhatsApp-Gruppe vor, und innerhalb weniger Minuten waren Zeit und Ort abgestimmt.

Ein paar Tage später traf ich Melanie an den Landungsbrücken. Wir aßen Fischbrötchen, tranken Bier, und die Gespräche liefen wie von selbst. Ein älteres Pärchen am Nebentisch lauschte neugierig, während ich von meinem Singleleben erzählte und Melanie von ihrer Hochzeit schwärmte. Die beiden schienen sichtlich irritiert – was für ein seltsames „Date“ war das denn bitte? Für uns war es einfach ein lustiger Abend, und wir verstanden uns auf Anhieb blendend.

Das Online-Kennenlernen zwischen Vanessa und mir ging also weiter. Als sie endlich zurück nach Deutschland kam, war die Spannung riesig, und unser erstes Treffen in Persona war sehr schön. Wir verbrachten wunderbare Tage, Wochen und Monate miteinander. Am Ende reichte es zwar nicht für eine Beziehung, aber eines blieb: die Freundschaft mit Melanie. Bis heute treffen wir uns regelmäßig auf ein Bier – ein bisschen Landungsbrücken-Nostalgie inklusive.

Interview mit Luana Selina

Bekannt aus: Dating Naked 2024

Denkst du, dass der Aspekt der Nacktheit die Beziehung oder das Kennenlernen auf eine ehrlichere Ebene gebracht hat?

Ich denke, dass der Aspekt der Nacktheit das Kennenlernen auf eine ehrlichere Ebene gebracht hat – aber nicht unbedingt im Sinne von mehr Ehrlichkeit. Auch nackt kann man lügen, wenn man möchte. Zwar entsteht durch die Nacktheit eine andere Vertrautheit, aber für mich hatte das auch einen negativen Aspekt: Man hat ja schon alles gesehen, und dadurch ging irgendwann ein bisschen die Spannung verloren. Zumindest war das mein Eindruck.

Hast du das Gefühl, dass Nacktheit die Oberflächlichkeit beim Dating reduziert oder verstärkt?

Ich denke, die Nacktheit verstärkt die Oberflächlichkeit schon ein bisschen, weil man natürlich direkt auf Brüste, Genitalien und den gesamten Körper schaut. Allerdings ist es auch so, dass man selbst bei angezogenen Menschen oberflächlich auf gewisse Dinge achtet. Es ist irgendwie ein schwieriges Thema. Ohne Kleidung schaut man sich die Männer oder Frauen einfach genauer an, als wenn sie gut gekleidet wären. Man sagt ja schließlich „Kleider machen Leute“, und hier war das eben nicht der Fall.

Wie hast du dich gefühlt, dich in einer so ungewohnten und intimen Situation zu präsentieren?

Ich erinnere mich noch genau an den Moment, als wir uns das erste Mal ausgezogen haben und aus dem Bus gestiegen sind. Natürlich fühlt man sich erstmal seltsam – es ist eine völlig ungewohnte Situation. Obwohl ich gerne in die Sauna oder Therme gehe, war das hier eine ganz neue Erfahrung für mich. Es braucht Zeit, bis man sich in so einer Situation wohlfühlt und lernt, den eigenen Körper zu akzeptieren. Nach und nach habe ich verstanden, dass es nichts Schlimmes ist, sondern etwas völlig Normales.

Was bedeutet für dich Dating auf Augenhöhe?

Dating auf Augenhöhe bedeutet für mich, dass man sich von Anfang an gut versteht und dass eine besondere Spannung und ein Knistern zwischen beiden besteht. Es sollte auch ein echtes, gegenseitiges Interesse da sein – man spürt einfach, ob jemand wirklich an der anderen Person interessiert ist oder nicht.

Was hat dich dazu bewogen, bei Dating Naked mitzumachen?

Nun, zuerst einmal habe ich die Anfrage bekommen und war sofort interessiert, weil ich gerne Herausforderungen annehme – besonders die großen, ungewöhnlichen, die nicht jeder wagt. Ich wollte etwas Verrücktes ausprobieren, das zu mir passt und meinem Leben einen besonderen Kick gibt. Es war mir wichtig, mein Selbstbewusstsein zu stärken und mich dabei selbst besser kennenzulernen. Diese riesige Herausforderung wollte ich meistern, und ich bin der Meinung, dass ich das auch geschafft habe.

Mehr Antworten von Luana liest du hier:

12. KAPITEL

Dating-Phänomene

„Das Leben besteht nicht aus den Momenten, in denen wir atmen, sondern aus denen, die uns den Atem rauben.“

- aus „Hitch – Der Date Doktor“

Dating-Burnout – Wenn Swipen zur Last wird

Online-Dating kann aufregend sein – neue Menschen, spannende Gespräche, unzählige Möglichkeiten. Doch manchmal fühlt es sich an, als wäre der Zauber verschwunden. Die Gespräche wiederholen sich, die Matches bleiben oberflächlich, und das ewige Swipen gleicht eher Arbeit als Spaß. Willkommen im Dating-Burnout! Keine Sorge, du bist damit nicht allein, und es gibt Wege, aus diesem Tief wieder herauszufinden.

Erkenne die Anzeichen

Die erste Regel, um ein Dating-Burnout zu überwinden, ist zu erkennen, dass es da ist. Wenn du das Gefühl hast, dich jedes Mal überwinden zu müssen, die App zu öffnen, wenn Dates sich wie Pflichttermine anfühlen, oder dich das ständige Swipen frustriert und leer zurücklässt, sind das klare Anzeichen. Nimm dir einen Moment, um zu reflektieren: Was genau stresst dich am Dating gerade? Ist es der Druck, endlich jemanden zu finden, oder das Gefühl, dass alles irgendwie gleich und langweilig ist? Indem du diese Anzeichen erkennst, kannst du dir die Erlaubnis geben, bewusst einen Schritt zurückzutreten.

Setze dir klare Absichten

Überlege dir, was du eigentlich vom Dating willst – und sei ehrlich zu dir selbst. Wenn du in erster Linie gerade Spaß haben und neue Menschen kennenlernen möchtest, ist das völlig okay. Aber wenn du merkst, dass dir das Dating zu sehr an die Substanz geht, könnte es helfen, deine Absicht neu zu definieren. Vielleicht ist jetzt nicht der richtige Zeitpunkt für eine ernsthafte Partnersuche, und das ist auch in Ordnung. Klarheit über deine Ziele zu haben, nimmt den Druck raus und hilft dir, deinen Fokus zu finden.

Gönn dir eine bewusste Pause

Manchmal ist das Beste, was du tun kannst, die Dating-Apps für eine Weile ruhen zu lassen. Leg das Handy beiseite und widme dich anderen Dingen, die dir Freude bereiten – deinen Hobbys, Freund:innen oder Projekten, die nichts mit Dating zu tun haben. Eine Pause kann helfen, neue Energie zu tanken und dich selbst wieder besser zu spüren. Und keine Sorge: Wenn du wieder bereit bist, ist die Dating-Welt noch da.

Konzentriere dich auf echte Verbindungen

Dating-Burnout kommt oft daher, dass das Ganze irgendwann oberflächlich wirkt. Statt wahllos zu swipen, versuche, deine Energie auf echte Verbindungen zu richten. Reduziere die Anzahl an Matches und konzentriere dich lieber auf ein paar Gespräche, die wirklich spannend sind. Es ist besser, ein tiefes Gespräch zu führen, als sich durch zehn belanglose Chats zu quälen. Die Qualität der Interaktionen wird dadurch oft besser und erfüllender.

Verabschiede dich von der Perfektion

Perfektionismus ist der Feind des authentischen Kennenlernens. Es ist okay, wenn nicht jedes Gespräch und jedes Date perfekt verläuft. Du bist nicht auf einer ständigen „Mission“, das perfekte Date zu finden. Lockerheit und Offenheit sind das beste Rezept, um den Spaß zurückzubringen. Erlaube dir, Menschen ohne Erwartungen zu begegnen, und sieh jedes Date als eine Möglichkeit, neue Perspektiven zu gewinnen – ganz ohne Druck.

Sei geduldig mit dir selbst

Burnout ist nicht nur ein Zustand, sondern auch ein Zeichen dafür, dass du etwas über deine eigenen Bedürfnisse lernen kannst. Vielleicht ist das Bedürfnis gerade, dich mehr auf dich selbst zu konzentrieren. Geduld mit dir selbst zu haben, ist essenziell. Dating muss nicht immer produktiv oder zielgerichtet sein. Es ist okay, einfach im Moment zu sein und das zu tun, was sich gut anfühlt.

Finde zurück zu deinem „Warum"

Erinnere dich daran, warum du überhaupt mit dem Dating begonnen hast. Was hast du dir gewünscht? Was hat dich anfangs begeistert? Indem du dir dein persönliches „Warum" wieder vor Augen führst, kannst du auch den Spaß und die Neugier zurückholen. Das Ziel ist nicht nur, jemanden zu finden, sondern auch, die Reise dorthin zu genießen und dich selbst dabei immer besser kennenzulernen.

Ein Dating-Burnout ist keine Seltenheit, und es ist absolut okay, das Tempo rauszunehmen. Pausen, Selbstreflexion und bewusste Entscheidungen helfen dir, wieder Freude am Dating zu finden, und letztendlich machst du das Ganze nur für dich.

Ghosting im Dating

Ghosting ist ein Phänomen, das in der heutigen digitalen Welt des Datings immer häufiger vorkommt. Der Begriff „Ghosting" beschreibt das abrupte und vollständige Abbrechen jeglicher Kommunikation mit einem Menschen, mit dem man zuvor in Kontakt stand, ohne jegliche Vorwarnung oder Erklärung. Dies kann sowohl nach einem kurzen Austausch von Nachrichten in einer Dating-App als auch nach mehreren persönlichen Treffen geschehen.

Typischer Ablauf

Zu Beginn des Kontakts verläuft die Kommunikation meist reibungslos und vielversprechend. Es werden Nachrichten ausgetauscht, Telefonate geführt oder sogar Verabredungen getroffen. Plötzlich bricht eine der beiden Parteien den Kontakt ab, ohne der anderen eine Nachricht, eine Erklärung oder einen Grund für den Abbruch zu geben. Die geghostete Person wird von einem Tag auf den anderen ignoriert und bleibt oft verwirrt und mit vielen unbeantworteten Fragen zurück.

Gründe für Ghosting

Die Gründe für Ghosting sind vielfältig und variieren von Mensch zu Mensch. Einige der häufigsten Motive sind:

- **Konfliktvermeidung:** Manche fühlen sich unwohl oder überfordert, wenn es darum geht, ihre wahren Gefühle auszudrücken oder anderen unangenehme Wahrheiten mitzuteilen. Sie ziehen es vor, sich zurückzuziehen, anstatt sich einer potenziell schwierigen oder emotionalen Konfrontation zu stellen.
- **Fehlendes Interesse:** Das Interesse an der anderen Person könnte im Laufe der Zeit nachgelassen haben. Statt den Mut aufzubringen, dies offen zu kommunizieren, ziehen es manche vor, einfach zu verschwinden.
- **Angst vor Ablehnung:** Einige Menschen fürchten sich davor, selbst abgelehnt zu werden, und beenden daher den Kontakt, bevor der andere die Gelegenheit dazu hat.
- **Ablenkung durch andere Optionen:** In der Welt der Dating-Apps und sozialen Medien gibt es eine scheinbar endlose Auswahl an potenziellen Partner:innen. Manche Menschen lassen sich von neuen Bekanntschaften ablenken und verlieren das Interesse an bestehenden Verbindungen.

Auswirkungen auf die Betroffenen

Für die Person, die geghostet wurde, kann das Erlebnis emotional belastend und verwirrend sein. Sie bleibt oft mit Gefühlen der Unsicherheit, Selbstzweifeln und Ablehnung zurück. Das plötzliche Schweigen kann zu einem Gefühl der Wertlosigkeit führen und Fragen aufwerfen, die niemals beantwortet werden. Ghosting kann zudem das Vertrauen in künftige Beziehungen erschüttern und das Dating-Erlebnis negativ beeinflussen. Es kann auch dazu führen, dass die geghostete Person Schwierigkeiten hat, sich auf neue Beziehungen einzulassen oder sich emotional zu öffnen.

Umgang mit Ghosting

Der Umgang mit Ghosting erfordert Geduld und Selbstreflexion. Es ist wichtig, sich daran zu erinnern, dass das Verhalten des Ghosters mehr über ihn selbst aussagt als über die geghostete Person. Indem man sich auf das eigene Wohlbefinden konzentriert und die Situation akzeptiert, kann man besser mit den negativen Gefühlen umgehen und das Vertrauen in sich selbst wiedererlangen.

Fazit

Ghosting ist ein bedauerliches, aber häufiges Phänomen in der modernen Dating-Kultur. Es spiegelt die Herausforderungen und Komplexitäten wider, die mit der digitalen Kommunikation und der menschlichen Interaktion verbunden sind. Trotz der negativen Auswirkungen ist es wichtig, aus solchen Erfahrungen zu lernen und sie als Gelegenheit zur persönlichen Weiterentwicklung zu betrachten.

Benching im Dating

Benching beschreibt das Phänomen, bei dem die eine Seite die andere warmhält, ohne wirkliches Interesse an einer tieferen Beziehung oder einem ernsthaften Kennenlernen zu zeigen. Der Begriff „Benching“ stammt aus der Sportwelt und beschreibt das Zurückhalten einer Spielerin oder eines Spielers auf der Ersatzbank, bis sie oder er gebraucht wird. Ähnlich verhält es sich im Dating-Kontext: Die Person wird nicht vollständig ignoriert, aber auch nicht aktiv in das Leben der Partnerin oder des Partners eingebunden.

Wie Benching funktioniert

In einer Benching-Situation bleibt die Kommunikation minimal, unregelmäßig und unverbindlich. Es gibt gerade genug Kontakt, um das Interesse aufrechtzuerhalten, aber nicht genug, um eine echte Beziehung voranzutreiben. Dies kann in Form von sporadischen Nachrichten, gelegentlichen Treffen oder vagen Versprechen für zukünftige Verabredungen geschehen, die oft nicht eingehalten werden.

Gründe für Benching

Es gibt mehrere Gründe, warum Menschen zu Benching greifen:

1. **Unsicherheit:** Die benchende Person ist sich oft unsicher über ihre eigenen Gefühle und hält die andere in der Schwebe, während sie herausfindet, was sie wirklich will.
2. **Ego-Boost:** Manche Menschen genießen die Aufmerksamkeit und Bestätigung, die sie von mehreren potenziellen Partner:innen erhalten, und möchten diese Quellen der Bestätigung nicht verlieren.

3. **Vermeidung von Entscheidungen:** Benching ermöglicht es, keine klaren Entscheidungen treffen zu müssen, und hält Optionen offen, falls andere Beziehungen nicht funktionieren.
4. **FOMO („Fear of missing out“):** Die Angst, etwas Besseres zu verpassen, kann dazu führen, dass eine Person jemanden auf der Bank hält, während sie weiterhin nach anderen Möglichkeiten sucht.

Auswirkungen auf die Betroffenen

Für den Menschen, der auf die Ersatzbank gesetzt wird, kann Benching frustrierend und verwirrend sein. Er investiert Zeit und Emotionen, ohne zu wissen, wo er in der Beziehung steht oder ob der oder die Partner:in jemals ernsthaftes Interesse zeigen wird. Dies kann zu Gefühlen der Unsicherheit und des Selbstzweifels führen, da der oder die Betroffene immer wieder auf den nächsten Kontakt hofft, ohne eine klare Perspektive auf den Fortgang der Beziehung zu haben.

Umgang mit Benching

Wenn du das Gefühl hast, dass du gebencht wirst, ist es wichtig, Klarheit zu suchen. Offene Kommunikation über die Erwartungen und Wünsche an die Beziehung kann helfen, die Absichten des Gegenübers besser zu verstehen. Solltest du das Gefühl haben, dass du nicht die Priorität bist, die du sein möchtest, kann es ratsam sein, die Situation zu überdenken und gegebenenfalls weiterzuziehen, um dich auf Menschen zu konzentrieren, die echtes Interesse zeigen.

Fazit

Benching ist ein Spiegelbild der Unsicherheiten und Möglichkeiten der modernen Dating-Kultur. Es erfordert Selbstbewusstsein und Offenheit, um sich nicht in einer solchen Situation zu verlieren. Indem man sich über die eigenen Bedürfnisse klar wird und aktiv nach Beziehungen sucht, die auf Gegenseitigkeit beruhen, kann man dem Benching entkommen und gesündere, erfüllendere Verbindungen aufbauen.

Breadcrumbing im Dating

Breadcrumbing ist ein Begriff, der im Kontext moderner Dating-Praktiken verwendet wird, und das Verhalten beschreibt, bei dem jemand einer anderen Person gelegentlich Aufmerksamkeit oder kleine Zeichen des Interesses zeigt, ohne jedoch die Absicht zu haben, eine ernsthafte Beziehung zu entwickeln.

Diese sporadischen Kontakte – oder „Brotkrumen" – sollen das Interesse und die Hoffnung am Leben halten, ähnlich wie Brotkrumen, die den Weg markieren, ohne zu einem klaren Ziel zu führen.

Wie Breadcrumbing funktioniert

Beim Breadcrumbing erhält die betroffene Person gelegentliche Nachrichten, Likes auf sozialen Medien oder andere kleine Gesten der Aufmerksamkeit. Diese Signale sind gerade ausreichend, um das Interesse zu wecken oder aufrechtzuerhalten, schaffen jedoch keine Substanz oder Kontinuität in der Beziehung. Das Ziel des Breadcrumbers ist es oft, jemanden in der Nähe zu halten, ohne die Verpflichtung oder das Engagement einzugehen, das mit einer ernsthaften Beziehung einhergeht.

Gründe für Breadcrumbing

Es gibt verschiedene Gründe, warum Menschen zu Breadcrumbing neigen:

1. **Ego-Stärkung:** Die Partei, die breadcrumbt, genießt oft die Bestätigung und das Selbstwertgefühl, das aus dem Wissen resultiert, dass jemand an ihr interessiert ist.
2. **Hoffnung auf zukünftige Optionen:** Indem er sich die andere Person warmhält, stellt der Breadcrumber sicher, dass er potenzielle romantische Optionen für die Zukunft hat, ohne sich festzulegen.
3. **Mangelnde Ernsthaftigkeit:** Oft ist der Breadcrumber nicht ernsthaft an einer Beziehung interessiert, möchte aber die Möglichkeit einer lockeren Verbindung nicht verlieren.
4. **Spielerisches Verhalten:** Manche Menschen betrachten Breadcrumbing als eine Form des sozialen Spiels, bei dem sie das Gefühl der Kontrolle über die emotionale Dynamik in der Beziehung behalten.

Auswirkungen auf die Betroffenen

Für die Person, die gebreadcrumbed wird, kann dieses Verhalten sehr verwirrend und emotional frustrierend sein. Sie investiert Emotionen und Zeit in Jemanden, der nur scheinbar interessiert ist, was zu Unsicherheit und Selbstzweifeln führen kann. Das ständige Hoffen auf mehr, das jedoch nie erfüllt wird, kann die emotionale Belastung erhöhen und das Vertrauen in zukünftige Beziehungen beeinträchtigen.

Umgang mit Breadcrumbing

Wenn du das Gefühl hast, dass du Opfer von Breadcrumbing bist, ist es wichtig, dir deiner eigenen Bedürfnisse und Grenzen bewusst zu werden. Versuche, die Situation objektiv zu bewerten und offen über deine Erwartungen zu sprechen. Wenn keine Klarheit oder Veränderung eintritt, kann es ratsam sein, die Beziehung zu beenden und sich auf Verbindungen zu konzentrieren, die auf Gegenseitigkeit und echtem Interesse basieren.

Fazit

Breadcrumbing ist ein Beispiel für die Herausforderungen und Unsicherheiten, die das moderne Dating mit sich bringen kann. Indem man sich selbst wertschätzt und sich auf ehrliche, authentische Beziehungen konzentriert, kann man die negativen Auswirkungen von Breadcrumbing vermeiden und erfüllendere zwischenmenschliche Verbindungen aufbauen.

Cushioning im Dating

Cushioning ist ein Begriff, der ein Verhalten im Dating beschreibt, bei dem eine Partner oder eine Partnerin neben seiner oder ihrer Hauptbeziehung noch andere potenzielle romantische Interessen aufrechterhält. Diese „Kissen“ dienen als emotionaler Puffer oder Absicherung, falls die Hauptbeziehung scheitert. Das Konzept ist vergleichbar mit einem Sicherheitsnetz, das jemanden auffangen soll, wenn die aktuell bestehende Beziehung endet.

Wie Cushioning funktioniert

Cushioning manifestiert sich durch regelmäßige, aber nicht zu häufige Kommunikation mit anderen potenziellen Partner:innen. Diese Kontakte können aus gelegentlichem Flirten, Nachrichten auf sozialen Medien oder zwanglosen Treffen bestehen. Während die Hauptbeziehung im Vordergrund steht, bleiben diese sekundären Beziehungen im Hintergrund und werden aktiv gepflegt, um sicherzustellen, dass sie verfügbar bleiben, sollte die Beziehung enden.

Gründe für Cushioning

Menschen betreiben Cushioning aus verschiedenen Gründen:

1. **Angst vor Einsamkeit:** Einige Menschen haben Angst, alleine zu sein und halten daher alternative Optionen offen, um sich nicht völlig allein zu fühlen, falls ihre aktuelle Beziehung scheitert.
2. **Selbstwertgefühl:** Die Bestätigung durch mehrere Interessent:innen kann das Selbstwertgefühl steigern und ein Gefühl der Attraktivität und Begehrtheit vermitteln.
3. **Unsicherheit in der Beziehung:** Wenn jemand unsicher über die Beständigkeit oder das langfristige Potenzial der Hauptbeziehung ist, kann Cushioning als Absicherung dienen, um emotional vorbereitet zu sein.
4. **Unverbindlichkeit:** Manche Menschen wollen sich nicht auf eine einzige Beziehung festlegen und verwenden Cushioning als Mittel, um verschiedene Optionen gleichzeitig zu erkunden, ohne sich vollständig festzulegen.

Auswirkungen auf die Beziehungen

Für die Hauptbeziehung kann Cushioning problematisch sein, da es oft auf mangelndes Vertrauen und Engagement hinweist. Es kann zu Schuldgefühlen und emotionalem Stress führen, wenn die jeweilige Person sich bewusst wird, dass sie unaufrichtig ist oder nicht ganz ehrlich handelt. Dies kann die emotionale Intimität und Verbindung in der Hauptbeziehung beeinträchtigen.

Für diejenigen, die als „Kissen" fungieren, kann Cushioning ebenfalls verwirrend und schmerzhaft sein, wenn sie nicht über den wahren Status ihrer Beziehung informiert sind. Sie könnten erwarten, dass sich die Beziehung weiterentwickelt, ohne zu wissen, dass sie nur eine Sicherheitsoption darstellen.

Umgang mit Cushioning

Wenn du merkst, dass du in deiner Beziehung von Cushioning betroffen bist, ist es wichtig, dir über deine eigenen Gefühle und Absichten klar zu werden. Offene und ehrliche Kommunikation mit deinem Hauptpartner oder deiner Hauptpartnerin über deine Bedürfnisse und Erwartungen kann helfen, Missverständnisse und emotionale Verletzungen zu vermeiden. Wenn du das Gefühl hast, dass Cushioning in deiner Beziehung stattfindet, solltest du ein Gespräch darüber führen und entscheiden, ob die Beziehung die nötige Tiefe und das Vertrauen hat, um fortgeführt zu werden.

Fazit

Cushioning ist eine Taktik, die zwar kurzfristig emotionale Sicherheit bieten kann, jedoch langfristig zu Problemen in Beziehungen führt. Die Pflege von Ehrlichkeit und Offenheit in romantischen Beziehungen ist entscheidend, um ein authentisches und erfüllendes Partnerschaftsleben zu gewährleisten.

Fishing im Dating

Fishing im Kontext des Datings bezieht sich auf ein Verhalten, bei dem eine Seite gezielt Aufmerksamkeit und Bestätigung von mehreren potenziellen Partner:innen sucht, ohne ein echtes Interesse an einer ernsthaften Beziehung zu haben. Der Begriff leitet sich vom Angeln ab, bei dem man versucht, möglichst viele Fische (in diesem Fall Interessent:innen) an die Angel zu bekommen. Beim Fishing geht es in erster Linie darum, das eigene Ego zu stärken und das Selbstwertgefühl zu steigern, indem man von anderen begehrt wird.

Wie Fishing funktioniert

Fishing kann auf verschiedene Arten geschehen, zum Beispiel durch:

- **Soziale Medien:** Eine Person postet attraktive Fotos oder Status-Updates, die darauf abzielen, Komplimente und positive Reaktionen von Follower:innen oder Freund:innen zu erhalten.
- **Dating-Apps:** Sie hält aktiv mehrere Unterhaltungen mit potenziellen Matches aufrecht, ohne die Absicht, diese Gespräche in ernsthafte Beziehungen umzuwandeln.
- **Flirten in sozialen Situationen:** In Bars oder auf Partys zeigt die Person intensives, aber unverbindliches Interesse an mehreren Leuten gleichzeitig, um möglichst viel Aufmerksamkeit zu erhalten.

Gründe für Fishing

Fishing kann aus verschiedenen Motiven heraus betrieben werden:

1. **Steigerung des Selbstwertgefühls:** Positive Rückmeldungen und Bewunderung von anderen können das eigene Selbstwertgefühl steigern und das Ego stärken.
2. **Bedürfnis nach Bestätigung:** Manche Menschen fühlen sich durch die Bestätigung und das Interesse anderer emotional gestärkt und sicherer.
3. **Langeweile:** Fishing kann auch aus der Langeweile heraus geschehen, wenn jemand einfach nach Unterhaltung oder Ablenkung sucht, ohne ernsthafte Absichten zu haben.

4. **Unsicherheit:** Menschen, die sich unsicher in ihrem Selbstbild oder ihrer Attraktivität fühlen, können Fishing verwenden, um sich von außen Bestätigung zu holen.

Auswirkungen auf Beziehungen

Fishing kann zu Missverständnissen und Verletzungen führen, insbesondere für diejenigen, die ernsthaftes Interesse an jemandem haben, der das Fishing betreibt. Es entsteht eine Ungleichheit in den Erwartungen, da eine Seite mehr in die Beziehung investieren könnte als die andere.

Für den Fisher, kann dieses Verhalten langfristig dazu führen, dass er Schwierigkeiten hat, echte und tiefe Verbindungen aufzubauen, da die Interaktionen meist oberflächlich bleiben.

Umgang mit Fishing

Wenn du bemerkst, dass du selbst oder jemand in deinem Umfeld Fishing betreibt, kann es hilfreich sein, die Motive dafür zu reflektieren und zu überlegen, was man wirklich von zwischenmenschlichen Beziehungen erwartet. Offenheit und Ehrlichkeit mit potenziellen Partner:innen sind entscheidend, um Missverständnisse zu vermeiden, und authentische Verbindungen aufzubauen.

Wenn du das Gefühl hast, dass du Opfer von Fishing geworden bist, ist es wichtig, Grenzen zu setzen und die eigenen Bedürfnisse klar zu kommunizieren. Dies hilft, sich auf Beziehungen zu konzentrieren, die auf Gegenseitigkeit und echtem Interesse beruhen.

Fazit

Fishing im Dating ist eine Strategie, die zwar kurzfristig egostärkend wirken kann, jedoch langfristig echte Verbindung und Intimität verhindert. Um erfüllende und gesunde Beziehungen aufzubauen, ist es wichtig, authentisch und ehrlich zu sein und die Bedürfnisse aller Beteiligten zu respektieren.

Stashing im Dating

Stashing ist ein Dating-Phänomen, bei dem eine Seite ihre:n Partner:in oder ihr Interesse bewusst vor ihrem sozialen Umfeld versteckt. Der Begriff leitet sich vom englischen Wort „stash" ab, was so viel wie „verstecken" oder „lagern" bedeutet. In einer Stashing-Situation wird die Beziehung geheimgehalten, indem der Partner oder die Partnerin nicht ins Leben integriert wird, sei es durch soziale Medien oder durch das persönliche Vorstellen bei Freund:innen und Familie.

Merkmale von Stashing

1. **Keine Vorstellung bei Freund:innen und Familie:** Die Person, die stasht, vermeidet es, ihre:n Partner:in in ihr persönliches Netzwerk einzuführen. Treffen mit Freund:innen oder Familienveranstaltungen finden ohne Partner:in statt.

2. **Keine Erwähnung in sozialen Medien:** Es gibt keine gemeinsamen Fotos, Erwähnungen oder Hinweise auf die Beziehung in sozialen Netzwerken wie Instagram oder Facebook. Die Person gibt vor, single zu sein oder vermeidet es, den Beziehungsstatus öffentlich zu machen.

3. **Vermeidung von öffentlichen Auftritten:** Treffen finden häufig in privater Umgebung statt, und öffentliche Auftritte als Paar werden umgangen, um zu verhindern, dass die Beziehung bekannt wird.

Gründe für Stashing

- **Angst vor Verpflichtung:** Eine Person könnte Stashing betreiben, weil sie sich nicht vollständig auf die Beziehung einlassen möchte. Das Verstecken des Partners oder der Partnerin ermöglicht es, die Verbindung unverbindlich zu halten.

- **Unsicherheit oder Scham:** Manchmal handelt es sich um Unsicherheiten oder Scham des anderen Menschen oder der Beziehung selbst. Dies kann durch gesellschaftliche Erwartungen oder persönliche Vorurteile bedingt sein.

- **Parallele Beziehungen:** Stashing kann auch auftreten, wenn jemand mehrere Beziehungen gleichzeitig führt und vermeiden möchte, dass diese voneinander erfahren.

- **Mangelndes ernsthaftes Interesse:** Die stashende Person könnte nicht ernsthaft interessiert sein, die Beziehung langfristig fortzuführen, und zieht es daher vor, den Partner oder die Partnerin in der Schwebe zu halten.

Auswirkungen auf die Beziehung

Stashing kann für den Menschen, der versteckt wird, sehr verletzend sein. Es führt oft zu einem Gefühl der Unsicherheit und des Zweifels an der Ernsthaftigkeit der Beziehung. Er könnte sich fragen, warum er nicht in das Leben des anderen integriert wird und ob es ein Problem mit ihm oder der Beziehung gibt.

Für die Person, die stasht, kann dieses Verhalten langfristig dazu führen, dass sie potenziell wertvolle Beziehungen verliert, da der Beziehungsmensch irgendwann möglicherweise mehr Verbindlichkeit und Anerkennung in der Beziehung erwartet.

Umgang mit Stashing

Wenn du das Gefühl hast, dass du gestasht wirst, ist es wichtig, das Thema offen und ehrlich anzusprechen. Frage nach den Gründen für dieses Verhalten und erkläre, wie es dich fühlen lässt. Klarheit und Kommunikation sind entscheidend, um herauszufinden, ob es eine Lösung gibt oder ob die Beziehung möglicherweise neu bewertet werden sollte.

Wenn du selbst stashst, solltest du dir über deine Gründe bewusst werden und ehrlich zu dir selbst und deinem Partner oder deiner Partnerin sein. Frage dich, ob du bereit bist, die Beziehung weiterzuführen und was dich davon abhält, deine Beziehung in dein Leben zu integrieren.

Fazit

Stashing im Dating kann das Vertrauen und die Intimität in einer Beziehung stark beeinträchtigen. Für gesunde und nachhaltige Beziehungen ist es wichtig, offen über die eigenen Absichten zu kommunizieren und deine Beziehung in das eigene Leben zu integrieren. Nur so können beide Partner:innen das Gefühl der Sicherheit und Zugehörigkeit in der Beziehung erleben.

Haunting im Dating

Haunting bezeichnet ein Verhalten im Dating- oder Beziehungsbereich, bei dem eine Person, die sich zuvor aus dem Leben der anderen zurückgezogen hat, dennoch sporadisch in dessen digitalen oder sozialen Räumen auftaucht. Der Begriff „Haunting" leitet sich vom englischen Wort für „spuken" ab und beschreibt metaphorisch das „Gespenst" einer ehemaligen Beziehung, das immer wieder auftaucht, obwohl die Beziehung offiziell beendet ist.

Merkmale von Haunting

1. **Spontane Interaktionen:** Die Person, die Haunting betreibt, wird gelegentlich in den sozialen Medien des anderen gesehen, sei es durch Likes, Kommentare unter alten Posts oder gar das Betrachten von Profilen und Storys.

2. **Verborgene Präsenz:** Auch wenn die Kommunikation eingestellt wurde und die Beziehung beendet scheint, bleibt sie durch subtile Online-Aktivitäten präsent, z. B. durch das Betrachten von Profilen oder das gelegentliche „Stalken" von Social-Media-Aktivitäten.

3. **Unklare Absichten:** Haunting erfolgt oft ohne direkte Kontaktaufnahme oder Erklärung. Der Mensch, der Haunting betreibt, signalisiert möglicherweise Interesse oder Mitgefühl, ohne tatsächlich in Kontakt treten oder eine Rückkehr zur Beziehung suchen zu wollen.

Gründe für Haunting

- **Ungeklärte Gefühle:** Die Person könnte noch nicht vollständig über die Beziehung hinweg sein und versucht auf indirekte Weise, eine emotionale Verbindung aufrechtzuerhalten.

- **Ersatz für Kommunikation:** Anstatt sich direkt zu äußern oder die Situation zu klären, nutzt sie subtile Interaktionen als Möglichkeit, im Leben des anderen präsent zu bleiben.

- **Unsicherheit über den Status:** Es kann Unklarheit darüber geben, ob die Beziehung endgültig beendet ist, es könnte die Hoffnung bestehen, durch solche Aktionen eine Reaktion oder Klärung zu erhalten.

- **Selbstbestätigung:** Haunting könnte betrieben werden, um das eigene Gefühl der Wichtigkeit oder Bestätigung aufrechtzuerhalten, indem erkannt wird, dass sich für den Menschen interessiert und auf ihn geachtet wird.

Auswirkungen auf den Betroffenen

Haunting kann Unsicherheit und Verwirrung hervorrufen. Die sporadischen und unklaren Signale der ehemaligen Beziehung können alte Gefühle neu entfachen oder den Eindruck erwecken, dass es noch ungelöste Fragen gibt. Dies kann auch das Gefühl verstärken, dass mit der Beziehung noch nicht vollständig abgeschlossen wurde.

Umgang mit Haunting

Wenn du das Gefühl hast, dass bei dir Haunting betrieben wird, ist es ratsam, klare Grenzen zu setzen und gegebenenfalls den Kontakt zu blockieren oder zu minimieren. Es ist wichtig, sich auf die eigene emotionale Heilung zu konzentrieren und unnötige Verwirrung zu vermeiden. Wenn du selbst Haunting betreibst, sollte ein ehrliches Gespräch über deine Absichten und Gefühle erwogen werden. Klare Kommunikation kann Missverständnisse vermeiden und dir helfen, abzuschließen oder eine klare Entscheidung über den weiteren Umgang miteinander zu treffen.

Fazit

Haunting ist eine subtile, aber wirkungsvolle Form des emotionalen „Spukens" nach dem Ende einer Beziehung. Für ein gesundes emotionales Gleichgewicht und klare Beziehungen ist es wichtig, direkt und offen zu kommunizieren, anstatt durch indirekte Signale oder digitale Präsenz Unklarheiten zu schüren. Ehrlichkeit und Respekt sind entscheidend, um für beide Seiten einen klaren und endgültigen Abschluss zu finden.

Orbiting im Dating

Orbiting beschreibt ein Verhalten im Dating, bei dem ein Mensch, der den direkten Kontakt zu jemandem eingestellt hat, dennoch kontinuierlich eine indirekte Präsenz aufrechterhält. Diese Art der Kommunikation findet meist in den sozialen Medien statt, wo derjenige sporadisch „auf dem Radar" des anderen bleibt, ohne jedoch aktiv in Kontakt zu treten oder eine direkte Konversation zu führen.

Merkmale von Orbiting

1. **Digitale Präsenz:** Es findet regelmäßig eine Interaktion mit den sozialen Medien des anderen durch das Liken von Beiträgen, Hinterlassen von Kommentaren oder Ansehen der Profilbilder statt. Diese Interaktionen sind oft sporadisch und ohne offensichtliche Regelmäßigkeit.

2. **Fehlende direkte Kommunikation:** Trotz der digitalen Präsenz erfolgt keine direkte Kommunikation oder Rückmeldung. Die Person meidet gezielt direkte Nachrichten oder persönliche Gespräche, bleibt jedoch auf eine indirekte Weise sichtbar.

3. **Ambivalente Signale:** Orbiting sendet oft gemischte Signale. Während durch Likes und Kommentare Interesse gezeigt wird, wird vermieden, sich direkt zu äußern oder klare Absichten zu kommunizieren.

Gründe für Orbiting

- **Ungeklärte Gefühle:** Die eine Seite könnte noch Gefühle haben, ist sich aber unsicher, wie sie diese kommunizieren soll. Orbiting bietet eine Möglichkeit, auf subtile Weise präsent zu bleiben, ohne eine klare Verpflichtung einzugehen.

- **Vermeidung von Konfrontation:** Orbiting ermöglicht es, das unangenehme Gespräch über das Beenden der Beziehung oder das Klären von Missverständnissen zu umgehen.
- **Selbstbestätigung:** Die Person könnte durch die Sichtbarkeit und die Reaktionen auf ihre Interaktionen ein Gefühl von Bestätigung und Interesse erhalten, ohne sich direkt engagieren zu müssen.

Auswirkungen auf Betroffene

Orbiting kann Verwirrung und Unsicherheit hervorrufen. Die wiederholte Präsenz der Person in den sozialen Medien kann den Eindruck erwecken, dass es noch ein Interesse oder eine Verbindung gibt, während die fehlende direkte Kommunikation den wahren Stand der Beziehung unklar lässt. Dies kann zu einem Gefühl von Unvollständigkeit und emotionaler Verwirrung führen.

Umgang mit Orbiting

Wenn du das Gefühl hast, dass jemand dich orbited, kann es hilfreich sein, den Kontakt in den sozialen Medien zu minimieren oder zu blockieren, um die Verwirrung zu reduzieren und klare Grenzen zu setzen. Überlege auch, ob du ein direktes Gespräch suchen möchtest, um Klarheit über die Beziehung und die Absichten der anderen Person zu erhalten.

Für den Menschen, der orbited, kann es nützlich sein, über seine Absichten nachzudenken und gegebenenfalls klare Kommunikation in Betracht zu ziehen, um Missverständnisse zu vermeiden und eine klare Antwort zu geben.

Fazit

Orbiting ist eine subtile Art der emotionalen Präsenz nach dem Ende einer direkten Beziehung oder Interaktion. Es bietet eine Möglichkeit, beim jeweils anderen sichtbar zu bleiben, ohne sich direkt zu engagieren oder klarzustellen, was man möchte. Für ein gesundes und klares Beziehungsmanagement ist es wichtig, direkte und ehrliche Kommunikation zu pflegen, um Unklarheiten und emotionale Verwirrung zu vermeiden.

Tuning im Dating

Tuning bezeichnet das Verhalten, bei dem sich jemand an den Vorlieben und Interessen des oder der anderen orientiert, um die Beziehung zu optimieren und zu intensivieren. Dies geschieht, indem man sich bewusst anpasst, um besser zu den jeweiligen Wünschen und Erwartungen zu passen, oft mit dem Ziel, die Beziehung attraktiver oder erfolgreicher zu gestalten.

Merkmale von Tuning

1. **Anpassung der Interessen:** Eine Person, die Tuning betreibt, passt ihre eigenen Interessen oder Vorlieben an die des Partners oder der Partnerin an. Dies kann sich auf Hobbys, Musikgeschmack, Essgewohnheiten oder andere persönliche Vorlieben beziehen, die ursprünglich nicht den eigenen Neigungen entsprechen.

2. **Verhaltensanpassungen:** Neben der Anpassung von Interessen kann Tuning auch Verhaltensänderungen umfassen, um der Partnerin oder dem Partner besser zu gefallen. Dies kann von der Art und Weise, wie man sich ausdrückt, bis hin zu bestimmten Verhaltensweisen reichen, die dem Partner mehr zusagen.

3. **Kommunikation von Anpassungen:** Oft werden diese Anpassungen bewusst oder unbewusst in der Kommunikation mit der Partnerin/ oder dem Partner reflektiert, um eine harmonischere oder interessantere Beziehung zu schaffen.

Gründe für Tuning

- **Verlangen nach Harmonisierung:** Der Mensch möchte Konflikte vermeiden oder eine harmonischere Beziehung aufbauen, indem er sich stärker an den Vorlieben der Partnerin oder des Partners orientiert.
- **Wunsch nach Anerkennung:** Durch das Anpassen an die jeweils anderen Interessen kann man sich selbst attraktiver und relevanter fühlen, was zu mehr Anerkennung und positiven Rückmeldungen führen kann.
- **Intensivierung der Beziehung:** Tuning kann als Strategie verwendet werden, um die Beziehung zu vertiefen und eine engere Verbindung zur Partnerin oder zum Partner herzustellen, indem man sich stärker mit dessen Weltanschauung identifiziert.

Auswirkungen auf die Beziehung

Tuning kann sowohl positive als auch negative Auswirkungen auf die Beziehung haben. Auf der positiven Seite kann es dazu beitragen, eine tiefere Verbindung und ein besseres Verständnis zwischen Partner:innen zu schaffen. Es kann das Gefühl vermitteln, dass man sich wirklich um die Bedürfnisse und Wünsche der Partnerin oder des Partners kümmert.

Jedoch kann übermäßiges Tuning auch dazu führen, dass ein Mensch das Gefühl hat, seine eigene Identität oder eigenen Bedürfnisse zu opfern, um sein Gegenüber zufriedenzustellen.

Dies kann auf lange Sicht zu Frustration oder einem Gefühl der Entfremdung führen, wenn sich herausstellt, dass die Anpassungen nicht authentisch waren.

Umgang mit Tuning

Für eine gesunde Beziehung ist es wichtig, dass Anpassungen und Veränderungen auf beidseitigem Einvernehmen beruhen. Während es natürlich ist, sich den anderen Menschen zu interessieren und gemeinsame Interessen zu entwickeln, sollte dies nicht auf Kosten der Identität oder des persönlichen Wohlbefindens geschehen. Ein Gespräch über Bedürfnisse, Wünsche und Kompromisse kann helfen, ein ausgewogenes Verhältnis zwischen Anpassung und Authentizität zu finden.

Fazit

Tuning ist das Bemühen, sich an die Vorlieben und Erwartungen der Partnerin oder des Partners anzupassen, um die Beziehung zu stärken und harmonischer zu gestalten. Es kann eine positive Möglichkeit sein, sich näherzukommen, sollte jedoch immer im Gleichgewicht mit der Wahrung der eigenen Identität und Bedürfnisse stehen, um langfristig ein gesundes und erfüllendes Verhältnis zu gewährleisten.

Zombieing im Dating

Zombieing bezeichnet das Phänomen, bei dem eine Person, die sich zuvor aus dem gemeinsamen Leben zurückgezogen hat oder die Beziehung abrupt beendet hat, plötzlich wieder auftaucht und Kontakt aufnimmt, als ob nichts passiert wäre. Dieser Kontakt erfolgt oft nach einer längeren Phase der Funkstille oder des scheinbaren Abschieds.

Merkmale von Zombieing

1. **Unerwartetes Wiederauftauchen:** Der „Zombie“ taucht unerwartet in der Kommunikation auf, sei es durch eine Nachricht, einen Anruf oder eine Social-Media-Kontaktanfrage, nachdem er oder sie eine Zeit lang abwesend war oder die Beziehung beendet hat.

2. **Ignorieren der Vergangenheit:** Er verhält sich oft so, als ob die vergangene Trennung oder das Schweigen nie stattgefunden hätte. Es wird oft nicht auf die Gründe für die vorherige Abwesenheit eingegangen.

3. **Ungeklärte Motive:** Die Beweggründe für das Wiederauftauchen sind vielfältig und können von der Suche nach einer erneuten Beziehung oder Freundschaft bis hin zu einem Bedürfnis nach Aufmerksamkeit oder Bestätigung reichen.

Gründe für Zombieing

- **Bedürfnis nach Aufmerksamkeit:** Manchmal nehmen Menschen Kontakt auf, um sich bestätigt zu fühlen oder Aufmerksamkeit zu erhalten, insbesondere, wenn sie sich einsam fühlen oder das Gefühl haben, dass ihre neue Beziehung nicht so gut läuft.

- **Reue oder Unsicherheit:** Der Zombie könnte es bereuen, die Beziehung beendet zu haben, oder unsicher sein, ob die Trennung die richtige Entscheidung war. Das Wiederauftauchen kann der Versuch sein, die alte Beziehung erneut zu überprüfen.

- **Nostalgie oder emotionale Unruhe:** Manchmal wird das Verlangen nach der alten Beziehung oder der vertrauten Verbindung neu entfacht, was dazu führt, dass jemand versucht, wieder in Kontakt zu treten.

Auswirkungen auf die Beziehung

Zombieing kann sowohl Verwirrung als auch emotionale Unsicherheit verursachen. Für die andere Person kann es schwierig sein, zu verstehen, warum die Rückkehr erfolgt ist und was die tatsächlichen Absichten sind. Dies kann alte Wunden aufreißen und zu einem Gefühl von Instabilität führen.

Umgang mit Zombieing

- **Reflexion:** Überlege, was du dir von einem Wiederauftauchen erwartest und ob es sinnvoll ist, wieder Kontakt aufzunehmen. Überlege, ob die Gründe für die Trennung immer noch relevant sind und ob es sich lohnt, die Vergangenheit wieder aufleben zu lassen.

- **Grenzen setzen:** Es ist wichtig, klare Grenzen zu setzen und zu entscheiden, wie du auf den Kontakt reagieren möchtest. Du kannst höflich, aber bestimmt erklären, ob du interessiert bist, die Beziehung erneut aufzunehmen oder nicht.

- **Klarheit suchen:** Falls du dich entscheidest, zu antworten, kläre die Situation offen und direkt, um Missverständnisse zu vermeiden und um zu verstehen, was die Person möchte und wie du dich dabei fühlst.

Fazit

Zombieing ist das Verhalten, bei dem jemand, der sich zuvor zurückgezogen oder die Beziehung beendet hat, plötzlich und unerwartet wieder Kontakt aufnimmt. Dieses Phänomen kann Verwirrung und Unsicherheit hervorrufen, und der Umgang damit erfordert oft eine klare Reflexion und das Setzen von Grenzen, um sicherzustellen, dass alle Beteiligten verstehen, welche Erwartungen und Absichten bestehen.

Interview mit Charlott Josefin

Beruf: Model

Welche Verhaltensweisen während des Dates lassen dich wissen, dass ein Mann dich respektiert und wertschätzt?

Es bereitet mir Freude, wenn jemand mir Feedback gibt, besonders positives Feedback zu meinem Charakter, meiner Persönlichkeit oder meiner Ausstrahlung – und nicht nur zu meinem Äußeren. Noch mehr freue ich mich, wenn mein Intellekt geschätzt wird, da ich einen Studienabschluss habe.

Wenn ich einem Mann nur Komplimente zu seinem Aussehen machen würde, würde ihm das vermutlich auch nicht genügen. Zudem schätze ich es, wenn ein Mann kleine, respektvolle Gesten zeigt, wie mir die Tür aufzuhalten oder mich sicher nach Hause zu bringen. Solche Handlungen sind mir wichtig und zeigen mir, dass er mich wertschätzt.

Welche typischen Fehler machen Männer aus deiner Sicht auf Dating-Plattformen, die Frauen abschrecken, insbesondere in Bezug auf Gleichberechtigung und respektvolles Verhalten?

Es gibt einige, für Frauen offensichtliche, typische Fehler, die viele Männer auf Dating-Plattformen machen und oft übersehen. Dazu gehören oberflächliche Gesprächseinstiege, die sich ausschließlich auf das Aussehen konzentrieren. Ein einfaches „Hi, wie geht's?" empfinde ich als zu platt.

Ich finde, dass man mehr in die Tiefe gehen sollte. Es wäre schön, wenn man auf Hobbys eingeht und echtes Interesse an der Person zeigt. Mein Freund hat es geschafft, solche Gespräche zu führen, und ich bin mir sicher, dass auch andere Männer das können.

Wenn du dir in Bezug auf datende Männer etwas wünschen könntest, was wäre das?

Ich wünsche mir auf jeden Fall Ehrlichkeit und Respekt von datenden Männern. Kommunikation ist hier der Schlüssel. Es ist entscheidend, von Anfang an klar zu kommunizieren, was man möchte – sei es eine feste Beziehung oder eine offene Beziehung. Wenn dies frühzeitig geklärt wird, könnten viele Probleme beim Dating vermieden werden.

Als Model und Influencerin bist du ein Vorbild für viele junge Frauen. Welche Botschaft möchtest du ihnen bzgl. Selbstwert und Gleichberechtigung in Beziehungen mitgeben?

Es ist von großer Bedeutung, seinen eigenen Selbstwert zu kennen und sich darüber im Klaren zu sein, was man möchte und was nicht. Man sollte sich nicht alles gefallen lassen und diese Grenzen auch klar kommunizieren. Wenn jemand bestimmte Grenzen überschreitet und man sich unwohl fühlt, ist es wichtig, dies anzusprechen und gegebenenfalls die Beziehung zu beenden. Hört auf euch selbst und stellt euer eigenes Glück nicht hinten an. Zudem ist es entscheidend, klare Erwartungen zu äußern, insbesondere wenn es um Themen wie feste Beziehungen geht. Dies kann viel Kummer und Tränen ersparen.

Mehr Antworten von Charlott liest du hier:

Interview mit Astrid Luise Weinhofer

Beruf: Paarberaterin, Sexualtherapeutin

Wie habt ihr es geschafft, eure Beziehung über die Jahre hinweg stark zu halten? Was sind die wichtigsten Werte, die ihr beide teilt?

Ich glaube, der Schlüssel zu unserer starken Beziehung ist, dass wir uns beide bewusst sind, etwas ganz Besonderes und Einzigartiges zu haben. Wir wissen, wie sehr wir uns lieben, und sind bereit, uns gegenseitig zur Priorität zu machen und alles zu tun, damit es funktioniert. Zum Beispiel überwindet sich mein Mann regelmäßig, mit mir über seine Gefühle zu sprechen, auch wenn das für ihn nicht einfach ist, weil er weiß, wie wichtig das für unsere Beziehung ist. Auf der anderen Seite gibt es Dinge, die ihm sehr wichtig sind, wie bestimmte Haushaltsangelegenheiten. Da versuche ich dann, seinen Erwartungen gerecht zu werden, auch wenn ich nicht die perfekte Hausfrau bin.

[...]

Welche Herausforderungen habt ihr in eurer Beziehung überwunden, und was hat euch geholfen, diese zu meistern?

Die größte Herausforderung am Anfang unserer Beziehung war, dass mein Mann emotional noch nicht vollständig bereit für eine neue Beziehung war. Das führte zu mehreren Vertrauensbrüchen und Unsicherheiten, die nicht seinem eigentlichen Charakter entsprachen. Diese Zeit hat bei mir tiefe Wunden hinterlassen, und es war notwendig, dass wir, als wir uns entschieden haben, es noch einmal zu versuchen, beide einen Neustart wagten, ohne alte Konflikte wieder aufzuwärmen.

Was uns geholfen hat, war vor allem die offene Kommunikation. Wir haben uns ehrlich über unsere Gefühle ausgetauscht. Mein Mann sagte mir einmal: „Ich kann die Vergangenheit nicht rückgängig machen, aber ich verspreche dir, dass so etwas nie wieder passieren wird." Das ist nun fünfeinhalb Jahre her, und er hat Wort gehalten. Heute weiß ich, dass ich mich vollkommen auf ihn verlassen kann. Unsere Beziehung hat sich zu einem sicheren Hafen entwickelt, in dem wir uns gegenseitig die Zeit und den Raum gegeben haben, die wir brauchten, um zu heilen.

Eine weitere große Herausforderung war, dass meine Bonustochter in den letzten Jahren mit psychischen Problemen zu kämpfen hatte – und das tut sie noch immer. Für meinen Mann war das als Vater extrem belastend. Auch in dieser Zeit hat uns vor allem die Kommunikation geholfen. Wir haben viel miteinander gesprochen, aber auch manchmal einfach nur physische Nähe gesucht, uns umarmt und uns gegenseitig Halt gegeben. Ein Geheimrezept unserer Beziehung ist, dass wir uns darin abwechseln, wer gerade der Fels in der Brandung ist. Wir wissen, dass wir uns aufeinander verlassen können – und das gibt uns die Stärke, alle Herausforderungen gemeinsam zu meistern.

Mehr Antworten von Astrid Luise liest du hier:

Story Time mit Sascha

Autor Swiping Love

Auf dem Weg zurück von Frankfurt nach Hamburg meldete sich eine Push-Benachrichtigung auf meinem Handy. Ein neues Bumble Match. Ich hatte während meiner Firmenreise hin und wieder geswiped, und während eines Staus schaute ich kurz auf das Profil. Lisa, 31 Jahre, aus Frankfurt, und von den Bildern her absolut sympathisch. Ihr Profilbild war sogar in Hamburg aufgenommen, die Elbphilharmonie im Hintergrund konnte ich klar erkennen, und sie sah sehr fröhlich aus, wie sie an den Hamburger Landungsbrücken stand und in die Kamera schaute. Schon bald meldete sich eine weitere Push-Benachrichtigung: Nachricht von Lisa. Der Stau an diesem Freitagnachmittag gab mir die Möglichkeit, direkt zu antworten. Wir tauschten drei, vier nette Nachrichten aus und dann Stille. Das war im Mai 2023.

Im November 2023 meldete sich Lisa wieder und entschuldigte sich für ihre ausbleibende Antwort. Gar kein Problem für mich, schließlich hatte ich keine Hoffnung, dass sich ein Kennenlernen über eine Distanz zwischen Hamburg und Frankfurt darstellen lassen würde. Diese Lockerheit ließ mich nach drei Nachrichten auch folgende Frage stellen: „Wollen wir nicht einfach ein Wochenende wegfahren in ein Wellnesshotel?" Zugegeben, so frech und direkt bin ich selten, aber wie gesagt, ich sah hier eh wenig Chancen. Zu meiner großen Überraschung empfand sie meinen Vorschlag absolut positiv und spannend. Es folgte eine kurze Abstimmung über das Wochenende, welches wir dazu nutzen wollten, und der Plan stand. Um zumindest minimal die Sympathie zu prüfen, telefonierten wir ein paar Tage später für ca. 15 Minuten. Unser Wellnesshotel an der Nordsee habe ich direkt gebucht.

Drei Wochen später war es soweit, ich holte sie am Hamburger Bahnhof mit meinem Auto ab, und wir begrüßten uns mit einer Umarmung. Sie sah genauso aus, wie ich es mir vorstellte und war so offen und herzlich, wie ich es mir erhoffte. Obwohl wir in den Tagen vor unserem gemeinsamen Kurzurlaub wenig Kontakt hatten, war es, als würden wir uns schon ewig kennen. Wir quatschten in den 1,5 Stunden Autofahrt über Gott und die Welt – die Chemie schien zu passen. Immer mehr Anspannung fiel von mir ab. Hatten meine Freunde mich doch wegen unseres ersten Dates für verrückt erklärt. Was, wenn wir uns nicht verstehen würden? Was, wenn sie vollkommen durchgeknallt wäre? Und wie verrückt ist sie, als Frau mit einem fremden Mann einfach so mit zu fahren und ein Wochenende zu verbringen? Im Hotel angekommen, machten wir uns recht schnell auf zu einem Spaziergang. In Büsum war der Weihnachtsmarkt gerade eröffnet worden und so ließen wir es uns mit Glühwein und Bratwurst gutgehen. Da außer Ebbe und Flut nicht viel los war in der kleinen Hafenstadt, gingen wir zum Aufwärmen in die Hotelbar. Es dauerte ein Bier und einen Tequila, bis ihre Hand auf meinem Oberschenkel landete. Wir verstanden uns blendend und es bestand definitiv eine Anziehung zwischen uns. Kurze Zeit später küssten wir uns. Das Wochenende verbrachten wir als Pärchen, Händchenhaltend am Deich, eng umschlungen in der Hotelbar oder zusammen aufs Wasser schauend am Frühstückstisch.

Unser zweites Date war mindestens genauso ungewöhnlich. Wir hatten weiterhin lockeren Kontakt und wollten uns dringend wiedersehen, gar nicht so einfach, wenn beide Personen viel im Job unterwegs sind. Kurzum, unser zweites Date fand am ersten Weihnachtsfeiertag statt. Lisa verbrachte die Feiertage bei ihrer Schwester, die vor einigen Jahren zu ihrem Mann nach Rostock gezogen war – nur 1,5 Stunden von Hamburg entfernt. Wir verabredeten uns für einen Spaziergang, ich konnte auf dem Hof ihrer Schwester parken und wir wollten durch die winterliche Landschaft Rostocks schlendern und uns endlich wiedersehen. Lisa begrüßte mich freudig und die Zeit verging wie im Flug, als wären zwei Stunden und nicht drei Wochen zwischen jetzt und unserem „ersten Date" vergangen. Wieder an meinem Auto angekommen, fragte sie, ob ich noch mit reinkommen möchte. Was soll ich sagen? Unser zweites Date verbrachten wir also mit ihrer Familie unter dem Weihnachtsbaum. Ob es komisch war? Natürlich! Aber ich wurde herzlichst aufgenommen und fühlte mich wie jemand, der dazu gehörte. Nach rund zwei Stunden verließ ich Lisa und ihre Familie wieder.

Wie es sich für uns gehörte, war auch Date Nummer drei nicht ganz normal. Ich hatte Karten für ein Konzert in Münster und meine eigentliche Begleitung musste krankheitsbedingt absagen. Münster ist die Geburtsstadt von Lisa und noch immer die Heimat ihrer Eltern, die zu dem Zeitpunkt jedoch im Urlaub waren. Unser Kontakt blieb weiterhin locker, wir schrieben uns alle zwei bis drei Tage und telefonierten auch zwischendurch.

Ein paar Wochen später kam Lisa für fünf Tage nach Hamburg und besuchte mich zu Hause. Es war immer noch aufregend, aber Stück für Stück machte sich die Entfernung und die lange Zeit zwischen unseren Treffen bemerkbar. Bei meinem ersten Besuch in Frankfurt merkte ich (und sie sicher auch), dass sich etwas verändert hatte. Der Zauber, die Action und die Spannung waren nicht mehr so vorhanden, wie wir es kannten. Kurze Zeit nach diesem Wochenende, telefonierten wir und waren uns einig, dass wir keine Zukunft miteinander sahen. Liebe Lisa, vielen Dank für diese wirklich aufregende und ungewöhnliche Dating-Erfahrung!

13. KAPITEL

SwipingLove – Let‘s talk deep

Hast du jemals das Gefühl gehabt, dass Smalltalk nicht ausreicht, um jemanden wirklich kennenzulernen? Genau hier setzt mein Dating-Kartenspiel an! Es wurde speziell für Menschen entwickelt, die sich auf einer tieferen Ebene begegnen möchten – sei es beim ersten Date, in einer frischen Beziehung oder auch in einer langjährigen Partnerschaft.

Was erwartet dich?

- **Inspirierende Fragen:** Jede Karte enthält zwei Fragen, die aufeinander abgestimmt sind, um interessante Gespräche zu starten und in den „Deeptalk" einzutauchen.
- **Vielfältige Themen:** Von Kindheitserinnerungen über Lebensziele bis hin zu Gedanken über Liebe und Beziehungen – die Fragen schaffen Raum für authentische und ehrliche Gespräche.
- **Mehr als ein Spiel:** Dieses Kartenset ist ein Werkzeug, um echte Verbindungen herzustellen und gemeinsam bedeutungsvolle Momente zu erleben.

Das Kartenspiel ist die perfekte Ergänzung zu den Themen dieses Buches. Es bringt euch nicht nur ins Gespräch, sondern auch einander näher.

Dieses außergewöhnliche Kommunikationsspiel gibt es in gleich mehreren kreativen Varianten, die jede Begegnung zu etwas ganz Besonderem machen. Neben der klassischen Version, die ideal für jede Beziehung und jedes Dating geeignet ist, gibt es eine liebevoll gestaltete Variante speziell für Eltern, die den Austausch über Beziehung und Erziehung auf spielerische Weise fördert.

Und für alle, die ein wenig Würze in ihre Gespräche und das Liebesleben bringen möchten, gibt es die Spicy-Version – perfekt, um Horizonte zu erweitern und die Chemie zwischen zwei Menschen auf ein neues Level zu heben.

Egal, für welche Variante du dich entscheidest, jedes Spiel lädt dazu ein, echte Verbindungen zu schaffen und Gespräche zu führen, die im Gedächtnis bleiben.

Entdecke auch alle weiteren Varianten und bestelle die für dich passende direkt hier:

Deine Dating-Storys

Lust auf ein bisschen Herzklopfen, Augenzwinkern und offene Worte?

Egal ob romantisch, absurd, witzig, schräg, herzerwärmend oder so richtig „Oh Gott, nie wieder!" – ich will sie alle hören.

Vielleicht bist du schon mal vor einem Date abgehauen, weil der andere Crocs getragen hat? Oder du hattest ein Date, das so perfekt war, dass es fast kitschig klingt? Vielleicht war's aber auch so chaotisch, dass du bis heute nicht weißt, ob du lachen oder weinen sollst. Alles zählt!

Warum mitmachen? Deine Story könnte Teil meines Projekts werden und anderen Mut machen, sie schmunzeln lassen oder ihnen die Augen öffnen. Natürlich auf Wunsch auch anonym!

Auf meinem Instagram-Kanal werde ich weiterhin spannende Fakten, Tools und Einblicke in die Welt des Datings posten. Du bist herzlich eingeladen, Teil der Community zu werden und von deinen Erfahrungen zu berichten.

Schick mir deine Story – ich freu mich auf jede Zeile!

Schreib mir direkt an post@swipinglove.de oder per DM auf Instagram @swipinglove:

Email:

Instagram:

Schlusswort

Das Schreiben dieses Buches war ein langer Prozess, der von der ersten Idee bis zur Fertigstellung ca. vier Jahre in Anspruch genommen hat. Viel Zeit ist in die Recherche, Konzeption und ehrlich gesagt auch in Prokrastination geflossen. Ab Mitte 2023 habe ich mich dann immer intensiver um dieses Projekt gekümmert.

In dieser Zeit habe ich selbst auch verschiedene Dates gehabt und allein der Prozess des Schreibens hat bewirkt, dass ich mich mit meinem eigenen Dating-Verhalten auseinandergesetzt habe. Immer wieder bin ich auf Punkte gestoßen, die ich selbst falsch gemacht habe. Niemand ist perfekt und jede:r macht Fehler. Doch jeder Fehltritt kann Spuren hinterlassen. Eine Umfrage von YouGov[34] zeigt, dass etwa 73 Prozent der Menschen schon einmal jemanden geghostet haben. Eine beeindruckend hohe Zahl, die dennoch nichts an der Tatsache ändert, dass selbst kleine Verletzungen Narben hinterlassen können.

Vielleicht inspiriert dich dieses Buch, dein eigenes Verhalten zu reflektieren – sei es im Dating, in Beziehungen oder im Umgang mit anderen Menschen. Denn am Ende zählen Respekt und Empathie.

Let‘s swipe love!

Danksagung

Vielen Dank an meine sehr unterstützenden und motivierenden Freund:innen, die mir für dieses Projekt immer mit Rat und Tat zur Seite standen und mir Feedback gegeben haben.

Mit vielen Brainstormings und einer Menge Wertschätzung habt ihr mich stets motiviert und unterstützt: Christina R., Jennifer F., Julia v.B., Katharina N., Melanie M., Sonja R., Stephanie K. und Ulrike S.

Einen großen Applaus gehört der Künstlerin und guten Freundin, die ich viel zu selten sehe und die trotzdem immer da ist. Vielen Dank für deine tollen und liebevollen Zeichnungen, Anna!

Vielen Dank an den Verlag mit Daniel, Jasmine und Patrick sowie eure Teams drumherum. Danke für die gute Zusammenarbeit und euer Vertrauen in dieses Projekt.

Und zu guter Letzt, an alle Menschen, mit denen ich ein Interview führen durfte und die mich auch darüber hinaus noch sehr tatkräftig unterstützt haben:

Aileen, Annetta Negare, Antje Hielscher, Astrid Luise Weinhofer, Charlott Josefin, Charleen Herzig, Clara Stocker, Dr. Johanna Stegen, EmilyyStella, Felice Wolgram, Florentine Osche, Jacqueline Siemsen, Jenny Köpper, Jessica Firlej, Josi Prescher, Kaufmann Michael, Kim Mühlenweg, Kristina Fixemer, Kristy von Kashyyyk, Laura Amelie Wellm, Leila, Lena Elea Hopf, Lilly Kürten, Luana Selina, Luna Farina, Maria Maksimovic, Maris Rauch, Marlen Peters, Micha Fritz, Michael Kaufmann, Oliver Sanne, Verena Klaps, Yma Louisa Nowak.

Quellenverzeichnis

[1]Duden.de. (2024, 14. August). Augenhöhe. Duden. https://www.duden.de/node/10285/revision/1393581

[2]Huston, T. L., Caughlin, J. P., Houts, R. M., Smith, S. E., & George, L. J. (2001). The Connubial Crucible: Newlywed Years as Predictors of Marital Delight, Distress, and Divorce. Journal of Personality and Social Psychology, 80(2), 237-252. https://doi.org/10.1037/0022-3514.80.2.237

[3]Becker, G. S. (1973). A Theory of Marriage: Part I. Journal of Political Economy, 81(4), 813-846. https://doi.org/10.1086/260084

[4]Constanze. (2016, 16. Oktober). Die Stimulus – Werte – Rollen Theorie – absolut psychologisch. Absolut Psychologisch. https://www.absolutpsychologisch.de/die-theorie-der-sozialen-identitat/

[5]Huinink, J., Brüderl, J., Nauck, B., Walper, S., Castiglioni, L. & Feldhaus, M. (2011). Panel Analysis of Intimate Relationships and Family Dynamics (pairfam): Conceptual framework and design. Journal Of Family Research, 23(1), 77–101. https://doi.org/10.20377/jfr-235

[6]Malouff, J.M., Thorsteinsson, E.B., Schutte, N.S., Bhullar, N., & Rooke, S.E. (2010), The five-factor model of personality and relationship satisfaction of intimate partners: A-meta-analysis. Journal of Research in Personality 44(1), 124-127

[7]Montoya, R. M., Horton, R. S. & Kirchner, J. (2008). Is actual similarity necessary for attraction? A meta-analysis of actual and perceived similarity. Journal Of Social And Personal Relationships, 25(6), 889–922. https://doi.org/10.1177/0265407508096700

[8]Van der Zanden, T., Mos, M. B. J., Schouten, A. P. & Krahmer, E. J. (2021). What People Look at in Multimodal Online Dating-Profiles: How Pictorial and Textual Cues Affect Impression Formation. Communication Research, 49(6), 863–890. https://doi.org/10.1177/0093650221995316

[9]Willis, J., & Todorov, A. (2006). First Impressions: Making up your mind after a 100-ms exposure to a face. Psychological Science, 17(7), 592-598

[10]Editorial Team, E. (2024, 27. Februar). Perfect profile picture. Eharmony. https://www.eharmony.com/tour/perfect-profile-picture/

[11]Van der Zanden, T., Schouten, A. P., Mos, M. B. J. & Krahmer, E. J. (2022). Originality in online dating profile texts: How does perceived originality affect impression formation and what makes a text original? PLoS ONE, 17(10), e0274860. https://doi.org/10.1371/journal.pone.0274860

[12]D'Ottone, I. C., Pfund, G. N. & Hill, P. L. (2023). Purposeful Partners: Potential Relationship Quality and Sense of Purpose. International Journal

Of Applied Positive Psychology.
https://doi.org/10.1007/s41042-023-00136-z

[13]OkCupid. (2021, 10. August). A Woman's Advantage – OkCupid Dating blog. Medium.
https://theblog.okcupid.com/a-womans-advantage-82d5074dde2d

[14]Meet the love scientists at Hinge. (o. D.). Hinge. https://hinge.co/labs

[15]Aretz, W. & Hochschule Fresenius Köln. (2018). Ein Bild sagt mehr als tausend Worte: Die Nutzung und Wirkung von Emojis in der privaten Kommunikation unter Berücksichtigung von Geschlechtsunterschieden. In Journal Of Business And Media Psychology (S. 1–13). https://journal-bmp.de/wp-content/uploads/01_Aretz_Die-Nutzung-und-Wirkung-von-Emojis.pdf

[16]Schoendienst, V. & Dang-Xuan, L. (o. D.). The Role of Linguistic Properties in Online Dating Communication – A Large-Scale Study of Contact Initiation Messages. AIS Electronic Library (AISeL).
https://aisel.aisnet.org/pacis2011/169/

[17]Rechtschreibfehler schrecken Singles ab. (o. D.). Parship.
https://www.parship.de/studien/parship-wissen-rechtschreibfehler-schrecken-singles-ab/

[18]Köpp, P. (2023, 19. Dezember). Dating-Trend Audio: Wie Stimmen beim Daten immer wichtiger werden. Esquire.
https://www.esquire.de/gesellschaft/dating-trend-stimme-sprachaufnahmen-bumble

[19]Ramirez, A., Sumner, E. M. B., Fleuriet, C. & Cole, M. (2014). When Online Dating Partners Meet Offline: The Effect of Modality Switching on Relational Communication Between Online Daters. Journal Of Computer-mediated Communication, 20(1), 99–114. https://doi.org/10.1111/jcc4.12101

[20]Walther, J. B., Van der Heide, B., Ramirez, A. & Peña, J. (2015). Interpersonal and hyperpersonal dimensions of computer-mediated communication. ResearchGate.
https://www.researchgate.net/publication/303150934_Interpersonal_and_hyperpersonal_dim ensions_of_computer-mediated_communication

[21]ElitePartner. (25. August, 2008). Was würden Sie beim ersten Date unternehmen? [Graph]. In Statista. Zugriff am 24. Juli 2024, von
https://de.statista.com/statistik/daten/studie/1693/umfrage/beliebteste-unternehmungen-beim -ersten-date/

[22]Das perfekte erste Date – diese Locations und Gesprächsthemen bevorzugen Singles. (o. D.-b). Parship.
https://www.parship.de/studien/das-perfekte-erste-date-diese-locations-und-gespraechsthemen-bevorzugen-singles/

[23]Strong, R. (2023, 10. Juni). 20 Ideen für das erste Date – empfohlen von Paartherapeutinnen. Business Insider. https://www.businessinsider.de/leben/20-ideen-fuer-das-erste-date-empfohlen-von-paarthera peutinnen/

[24]Mehl, M. R., Vazire, S., Holleran, S. E. & Clark, C. S. (2010). Eavesdropping on Happiness. Psychological Science, 21(4), 539–541. https://doi.org/10.1177/0956797610362675

[25]Kardas, M., Kumar, A. & Epley, N. (2021). Overly shallow?: Miscalibrated expectations create a barrier to deeper conversation. Journal Of Personality And Social Psychology, 122(3), 367–398. https://doi.org/10.1037/pspa0000281

[26]Plusquellec, P. & Denault, V. (2018). The 1000 Most Cited Papers on Visible Nonverbal Behavior: A Bibliometric Analysis. Journal Of Nonverbal Behavior, 42(3), 347–377. https://doi.org/10.1007/s10919-018-0280-9

[27]Autor. (o. D.). Warum küssen wir? | VIACTIV Krankenkasse. VIACTIV Krankenkasse. https://www.viactiv.de/gesundheitswissen/warum-kuessen-wir

[28]Studie zum Tag des Kusses. (2017, 7. Juni). Studie Zum Tag Des Kusses https://www.sinus-institut.de/media-center/presse/studie-zum-tag-des-kusses

[29]Hartmann, C. (2021, 20. September). Die Augen sagen mehr als tausend Worte. Spektrum. https://www.spektrum.de/news/blickkontakt-die-augen-sagen-mehr-als-tausend-worte/19129 75

[30]Kommunikation beim Dating: Wer Interesse hat, meldet sich innerhalb von 24 Stunden. (o. D.). ElitePartner. https://www.elitepartner.de/studien/kommunikation-beim-dating/

[31]Bauer, J., Ganser, C. & Institut für Soziologie. (2007). Münchner Studie zu Partnerwahl und Partnerschaft.https://www.ls4.soziologie.uni-muenchen.de/aktuelle_forschung/abgeschlos_forschungsprojekte/partnerstudie/partnerstudie.pdf

[32]Die Bedeutung von Authentizität in der heutigen Gesellschaft – Digitales Institut. Digitales Institut. https://digitales-institut.de/die-bedeutung-von-authentizitaet-in-der-heutigen-gesellsc haft

[33]Garcia, J. R. & Webster, G. (2022). Relationship Dealbreakers: Traits people avoid in potential mates. Indiana.https://www.academia.edu/22495436/Relationship_Dealbreakers_Traits_People_Avoid_in_Potential_Mates

[34]Statista. (2024, 2. Januar). Umfrage zu Ghosting nach Altersgruppen 2021. https://de.statista.com/statistik/daten/studie/1272636/umfrage/umfrage-zu-ghosting-n ach-altersgruppen/?utm_source=chatgpt.com

ForwardVerlag

SPIEGEL Bestseller

Titel:	Du bist gut, wie du bist
Untertitel:	Wie ich meine Depression besiegte und wie du dafür sorgen kannst, dass du gar nicht erst in den Kampf mit dir selbst ziehen musst.
Autorin:	Charlène Steck
ISBN:	978-3-98755-084-3

Stell dir vor, du könntest dem Strudel von Selbstzweifeln, Ängsten und einem Mangel an Selbstliebe einfach so entkommen – ohne überhaupt in den Kampf mit dir selbst ziehen zu müssen. „Du bist gut, wie du bist“ zeigt dir diesen Weg. Die Autorin teilt ihre bewegende Geschichte der Überwindung von Depressionen und zeigt dir, wie auch du deine eigene innere Stärke entdeckst.

Dieses Buch gleicht einem vertrauten Gespräch mit einer guten Freundin, die weiß, wie sich die tiefste Dunkelheit anfühlt. Sie führt dich durch die tiefsten Täler – die unerwarteten Wendepunkte des Lebens, den Krieg gegen das eigene Ich und den überwältigenden Druck, den Erwartungen anderer gerecht zu werden.

ForwardVerlag